KB273248

나를 살린
사서오경

나를 살린 사서오경

삶이 아플 때마다 꺼내 읽은 고전의 문장들

김해영 지음

드림셀러

길 위에서 문장 하나를 주워 들었다.

어디를 가든지 '사서오경'은 늘 내 옆에 놓여 있었다.

아프리카는 아시아권과 정서와 문화가 다르지만,

삶의 근본은 다르지 않았다.

그래서 아프리카에서도 사서오경을 손에서 놓지 않았다.

아프리카의 길 위에 오래 머물다 보니,

생각보다 자주 멈춰 서게 된다.

차가 고장 나서, 약속이 미뤄져서,

혹은 아무 이유 없이 마음이 더는 앞으로 나아가지 않아서.

그럴 때마다 오래전에 읽었고

지금도 읽고 있는 사서오경 문장들이 떠올랐다.

학대와 장애, 지독한 가난과 공장의 먼지 속에서도

절대 놓지 않았던 '사서오경'의 문장들.

의미를 채 알지 못한 채 지나쳤던 그 한 줄 한 줄이

내 삶을 멈추지 않고 나아갈 수 있도록 해주었다.

이상하게도 그 문장들은

아프리카의 햇빛 아래서 더 또렷해졌다.

이 책은 사서오경을 해설하려는 것이 아니다.

또 아프리카를 설명하려는 것도 아니다.

그저 내가 사는 자리에서 우연히 다시 만난

고전 문장들에 대한 기록이다.

여기에는 위대한 깨달음도,

정답처럼 제시되는 인생 공식도 없다.

대신 질문이 있다.

왜 이 문장이 바로 그 순간에 떠올랐는지,

왜 이 문장이 시간이 지나도 나를 놓아주지 않는지에 대한.

혹시 이 책을 읽는 당신도

지금 어디쯤 서 있는지 모르겠다면,

빠르게 답을 찾으려 애쓰지 않아도 괜찮다.

문장 하나를 곁에 두고 조금 천천히 걸어도 된다.

내가 아프리카의 길 위에서 그랬던 것처럼.

삶은 때로는 문장 하나로도 다시 시작할 수 있으니까.

차례

3부 아프리카에서 배운 삶의 리듬

6부 뉴욕, 세계의 중심에서 다시 나를 보다

7부 당신에게 건네는 마지막 문장

1부

어린 나를 깨워준 문장들

① 만화책 속 아프리카를 살다

일이 뜻대로 되지 않을 때,
남을 탓하지 않고
자기 자신에게서 이유를 찾는다.
《맹자》

反求諸己而已矣 반구저기이이의

용산. 한강. 세계 여기저기를 다니며 일해도 마음은 종종 한강으로 향한다. 초등학교 3학년쯤, 우리 집엔 폭풍이 몰아쳤다. 엄마에겐 아픈 기운이 서서히 퍼지기 시작했고, 아빠는 그 무거운 공기를 견디지 못해 자꾸만 집을 비웠다. 남은 건 어린 나와 네 명의 동생들. 불안한 하루, 숨 막히는 밤이었다. 도망치면 살 것 같았고 돌아오면 아팠다. 그래서 발은 저절로 바깥을 향했다. 특히 겨울이면 더 그랬다.

추위 속에서도 따뜻한 만화방 하나가 나를 기다리고 있었다. 그곳에서는 아무도 날 때리지 않았다. 아무도 내게 소리 지르지 않았다. 그곳은 나만의 작은 섬이었다.

어느 날, 손에 잡힌 시리즈로 된 만화책.

세 소년이 표류한 무인도에 '아프리카 토인들'이 산다는 이야기였다. 지금 보면 투박하기 짝이 없는 만화 속 그림이지만, 그때 내게는 완전히 새로운 하늘이었다. 소년들은 무서워서 도망치는가 하면, 또 어느새 손을 잡고 웃었다. 석양 아래 길게 드리운 야자수 그림자, 끝없이 펼쳐진 황금빛 초원. 나는 그 만화책 종이 냄새 사이에서 울다가 웃다가, 잠시나마 진짜로 살았다.

생각해보면 아프리카는 내가 처음으로 "저기서 한번 살아보고 싶다"라고 속으로 중얼거렸던 곳이다. 집에서 도망치던 아이에게 만화책 속 아프리카는 숨을 곳이자 숨이 쉬어지는 날개였다.

그리고 훗날 보츠와나 공항에 내린 순간, 케냐의 뜨거운 바람이 얼굴을 스칠 때 나는 이상하게도 낯설지 않았다. 처음인데 처음 같지 않은 기분. 아, 그렇구나, 이미 와봤었구나. 만화책 속에서.

지금 돌이켜보면 웃음이 난다. 내 첫사랑이 사람이 아니라 만화책 속 아프리카였다는 게. 그런데 그 첫사랑 덕분에 나는 진짜 아프리카까지 찾아왔다. 상처 많은 날 받아준 이 넓은 땅은, 어쩌면 내 어린 시절의 두 번째 엄마 같다. 폭풍우 몰아치던 집 대신 끝없는 하늘을 보여주며 속삭였다.

"괜찮아, 여기선 마음껏 뛰어도 돼."

만화 속 세 소년은 끝내 살아남았다. 나도 그들이 모험하던 그 세계를 찾아 여기까지 왔고, 여기서 살고 있다. 도망치던 아이가 결국 도망칠 필요가 없는 곳을 찾아낸 셈이다.

그곳이 아프리카이고, 곧 내 이야기다.

공자가 말씀하시길
지위가 없는 것을 걱정하지 말고,
내가 설 수 있는 바탕을 걱정하라.
남이 나를 알아주지 않는 것을 걱정하지 말고,
알아줄 만한 사람이 되기를 구하라.
《논어》

-

子曰 不患無位 患所以立 不患莫己知 求爲可知也
자왈 불환무위 환소이립 불환막기지 구위가지야

어린 시절, 그 만화방은 내겐 아주 작은 대피소였다. 아파트 단지 몇 동을 지나 계단을 내려가 미

닫이문을 살짝 밀면, 장기판처럼 빼곡한 의자들 사이로 색색의 만화책이 벽을 가득 메우고 있었다. 겨울이면 난로가 따끈따끈 열기를 뿜어냈고, 아이들의 책장 넘기는 소리만 들릴 뿐이었다. 거기선 아무도 나를 때리지 않았고, 아무도 눈치 주지 않았다. 엄마도 절대 찾아올 수 없는 곳. 그 공간에만 들어서면 나는 잠깐이나마 숨통이 트였었다.

지금 내가 그 문을 다시 연다면, 구석에서 만화책에 얼굴을 파묻고 있는 작고 여린 내가 보일 테다. 그 아이는 아직 아프리카가 뭔지도 모르고, 세상이 이렇게 넓은지도 모르고, 그냥 그 순간만 열심히 살아가고 있을 터. 나는 그 아이를 방해하지 않을 거다. 책 속에 코 박고 있는 그 행복을 깨뜨리지 않고, 아이의 숨소리 하나 건드리지 않고, 그냥 조용히 바라보다 나올 거다. 문 손잡이를 놓기 직전, 아주 작은 목소리로 한마디만 속삭일 테다.

"꼬마야, 나중에 아프리카에서 만나자."

그러고는 살짝 웃으며 문을 닫을 것이다.

그 약속이 너무 터무니없어서 나도 모르게 웃음이 난

다. 단발머리 학생도 아니고, 국제개발이라는 말도 모르는 그 꼬마에게 뜬금없이 아프리카를 약속하다니. 그런데 그 한마디가 진짜가 되어 가슴을 울린다. 그 아이가 나중에 여기, 아프리카까지 오느라 얼마나 많이 울고 웃고 넘어지고 다시 일어섰는지 나는 다 안다. 그 아이와의 그 약속을 지키려고, 나는 결국 이 대륙까지 왔다.

　가끔, 나이로비의 뜨거운 햇살 아래 서면 그 만화방 구석에 앉아 있던 꼬마가 내 옆에서 조용히 웃고 있는 것 같다. 그 아이가 나를 기다리고 있었던 게 아니라, 내가 그 아이를 기다리고 있었던 거다.

③ 작아도 열리는 세상의 문

공자가 말씀하시길
지혜로운 사람은 미혹되지 않고,
어진 사람은 근심하지 않으며,
용기 있는 사람은 두려워하지 않는다.
《논어》

-

子曰 知者不惑 仁者不憂 勇者不懼
자왈 지자불혹 인자불우 용자불구

처음 보는 사람들 앞에 설 때 내가 늘 지니는 최강의 무장해제 무기가 하나 있다. 그게 뭘까? 밝은 성격? 부드러운 미소? 아니다. 바로 작은 키다. 아프리카

재래시장에서도, 케냐의 꽉 찬 미니버스에서도, 나미브 사막으로 가는 낡은 승합차에서도 5분만 지나면 옆자리 아주머니의 인생사가 폭포처럼 쏟아져 내린다. 아기를 안고 탄 십 대 엄마가 "내 남자친구는 말이야…" 하고 운을 떼면 광활한 사막 대신 어린 엄마의 눈물바다를 구경하게 된다.

내 십 대 시절, 공장에서 일할 때도 그랬다. 아주머니들이 나를 끌어당겨 "얘 너는 착해 보이니까 들어줘" 하시며 결혼 이야기, 시댁 이야기, 돈 걱정을 줄줄이 풀어놓았다. 아직 어린 내가 그때 공자님 말씀, 맹자님 말씀을 끌어다 어른들을 위로했던 게 지금 생각하면 귀여울 지경이다.

고작 134센티미터의 작은 키는 오랫동안 내 결핍이었고, 콤플렉스였다. 열등감 그 자체일 수밖에 없었다. 그런데 아프리카에 와보니 이게 최고의 위장막이 되었다. 사람들이 나를 보곤 '조심해야 하나?' 아니면 '편하게 대해야 하나?' 고민하는 걸 자주 보게 된다. 그 고민이 나에겐 시간을 절약할 단서가 되어준다.

요즘 나는 사람들에게 먼저 다가가지 않는다. 내 시간을 빼앗길까 봐 조심하느라.

작은 키 탓에 세상이 나에게 먼저 말을 걸어왔다. 내가 세상을 찾아다닌 게 아니라 세상이 내 작은 키의 틈으로 슬쩍 들어온 거라고. 그 조그만 틈 하나가 내 인생 최고의 초대장이었다.

가끔은 "조용히 좀 해주세요…"라고 속으로 외치지만, 그래도 그 틈 덕분에 나는 매일 새로운 사람들의 온기와 만난다.

내 자식을 사랑하듯
남의 자식도 사랑하는 마음,
그것이 왕도王道의 시작이다.
《맹자》

幼吾幼以及人之幼 유오유이급인지유

초등학교 5학년, 한강 옆 아파트에서 월세로 살았다. 하지만 그마저도 우리 집은 오래가지 못했다. 엄마의 우울증이 깊어지고, 부모님의 싸움이 길어지는 와중에 돈은 금세 바닥났다. 월세가 3개월 치 밀린 날, 집주인은 사람들을 데리고 우리 집 가재도구를 몽땅 끌어내 아파트 1층집 앞에 부려 놓았다. 부모님은 며칠째 집을 비우고 우리만 있던 터였다.

나는 맏이였고, 집에는 먹을 것 하나 없었다. 3일째 되는 밤, 동생들과 아파트 1층 계단 아래에서 몸을 웅크리고 잠을 청했다. 아침에 눈을 뜨니 낯선 아저씨가 말없이 지폐 한 장을 손에 쥐여주곤 그냥 지나가 버렸다. 그 돈으로 라면을 사서 동생들 입에 떠넣어주고, 남은 돈으로 함께 만화방으로 갔다. 그곳이 그때 우리에게는 세상에서 제일 따뜻하고 안전한 집이었다.

오후에 짐 더미 앞으로 돌아오니, 학교를 3일이나 빠진 나를 걱정하며 찾아온 친구가 서 있었다. 그 친구는 철길 옆 판잣집에 사는, 정말 아무것도 없는 집 아이였다.

그 친구는 엄마까지 데려왔고, 그 엄마는 우리 사정을 듣더니 그날 저녁 우리 5남매를 자기 집 빈방으로 데려갔다. 다음 날 아침에는 쌀 한 줌과 채소를 건네주며 "애들 밥해 먹여라" 하며 웃으셨다.

집주인의 으르렁거림, 외상 끊던 가게 아저씨, 말없이

돈을 쥐여준 낯선 사람, 우리를 자기 집 빈방으로 데려간 친구와 그 엄마. 그 모든 장면을 떠올리며 나는 아주 조용히 깨달았다.

'아, 이 집의 어른은 나구나'.

그날 나는 열두 살 어린아이에서 갑자기 어른이 되었다. 그 뒤로도 가난은 길었지만, 그날부터 나는 동생들 앞에서 어른이 되어야 했다. 그날 깨달은 어른의 무게는 지금도 내 어깨에 살짝 얹혀 있다. 아프리카의 머나먼 길을 걸을 때도, 누군가의 삶을 조금이라도 돕고 싶을 때도, 열두 살 때의 그 조용한 깨달음이 나를 움직이게 하는 것 같다.

당신도 언젠가 그런 순간을 만날 테지. 갑자기 어른이 되는, 너무 일찍 어른이 되어버리는 순간을. 그때 울고 싶어도 참아야 하는 게 아니라, 누군가를 위해 눈물을 삼켜야 하는 게 어른이라는 걸 알게 되겠지. 그게 아프지만, 또 동시에 세상에서 가장 따뜻한 힘이 되기도 한다.

5 부끄러움을 배운 날

옛사람이 말을 함부로 하지 않은 것은
행동이 미치지 못할까 부끄러워서였다.
《논어》

－

子曰 古者言之不出 恥躬之不逮也
자왈 고자언지불출 치궁지불체야

초등학교를 졸업하고 바로 아버지가 돌아가셨다. 어느 날 밤, 아버지가 목을 매셨다. 나는 엄마의 학대를 피해 가출했다. 가출하고 처음 얻은 일이 남산 아래 노부부만 있는 한의원 집에서 집안일을 하는 거였다. 주인 할머니는 나를 한 번 쭉 보시더니, 말없이 목욕 바구니와 천 원짜리 몇 장을 손에 쥐여주셨다.

"저쪽 골목 끝에 대중목욕탕이 있어. 씻고 와라."

다녀왔더니, 문 앞에 깨끗한 새 옷과 잠옷이 놓여 있었다. 고맙다는 말은 차마 꺼내지 못했다.

할머니는 그저 사람이 사람에게 해야 할 일을 하셨을 뿐이었다. 그러고 나서 칫솔을 내밀며 "이는 이렇게 닦는 거란다"라며 천천히, 아주 천천히 앞니부터 어금니까지 닦는 방법을 보여주셨다.

그날 나는 처음 알았다. 나도 이를 닦아야 하는 사람이라는 것을. 초등학교 6년 내내 나는 단 한 번도 이를 닦아본 적이 없었다. 아마 입 냄새가 심하게 났을지도 모르겠다. 그래서 교실에서 친구도 없이 혼자 앉아 있어야 했나 보다.

그때는 부끄러운 줄도 몰랐다. 부끄러움을 가르쳐줄 어른이 곁에 없었으니까. 그러나 그 한의원 노부부는 달랐다. 한 번도 "왜 이렇게 더럽게 살았니?"라고 꾸짖지 않으셨다. 그냥 조용히, 창피하지 않게, 사람이 사람으로 사는 가장 기본적인 것을 가르쳐주셨다. 깨끗한 잠옷을 입는 법, 속옷을 갈아입는 법, 아침저녁으로 양치하는 법 등을.

수십 년 후 미국을 방문한 나는 치과라는 곳엘 처음으로 갔다. 치과의사가 내 입을 들여다보더니 눈이 휘둥그레졌다.

"이가 어떻게 이렇게 깨끗해요? 충치가 하나도 없네요! 축하드려요."

치과의사의 그 말을 들으며 나만 아는 미소를 지었다. 내 이를 그렇게 건강하게 지켜준 건, 그 할머니의 손길이었다. 지금도 나는 충치 하나 없이 살고 있다. 키 작고 살짝 통통한, 아프리카를 종횡무진 누비는 중년 엔지오NGO 활동가로서 말이다.

매일 아침저녁 칫솔을 입에 물고 있으면 가끔 그때가 떠오른다. 부끄러움을 처음 배운 날, 사람이 사람다워지는 법을 배운 날. 그래서일까. 아프리카에서 맨발로 뛰노는 아이들을 볼 때마다 가슴이 먼저 뛴다. 저 아이들에게 누군가 조용히 칫솔 하나만 쥐여줘도 30년 뒤에 "내 인생을 바꿔준 손길이 있었다"라고 웃으며 말할 수 있을 텐데. 어린 시절 배운 마음 씀씀이는 가시지 않는 법이다.

⑥ 선물이 된 글쓰기

공자가 말씀하시길
원한을 덕으로 갚으면 너그러운 인자함이 몸에 배고,
덕을 원한으로 갚으면 백성이 불효·불초하게 된다.
《예기》

-

子曰 以德報怨 則寬仁之身也 以怨報德 則民不肖矣
자왈 이덕보원 즉관인지지신야 이원보덕 즉민불효의

"**얘**, 너 혹 금목걸이 못 봤니? 우리 집에서 없어졌
는데, 집에 너밖에 없으니."

가출해서 들어간 한의원 집에서 늘 친절했던 할머니가
곤란한 눈빛으로 어느 날 나를 불러 앉혔다. 집 안에서
없어진 물건에 손댈 사람은 나밖에 없다는 것이었다. 아

니라고 할수록 내 눈빛은 단호해져 갔다. 집에서 걸핏하면 맞은 매질도, 배고프던 날도 견딜 수 있었는데, 세상이 처음으로 씌운 누명만큼은 도저히 삼킬 수가 없었다.

다음 날 나는 "진짜 제가 안 가져갔고 본 적도 없어요. 하지만 10개월간 넣은 곗돈이 있으니 그것 놓고 저는 나갈게요" 하곤 작은 옷 보따리 하나 들고 집을 나왔다. 열다섯 살 때였다.

그 뒤로 얹혀살던 방, 좁은 책상 위에 공책 하나를 펼쳤다. 초등학교만 겨우 나온 아이가 쓸 수 있는 말은 별로 없었다. 그냥 매일매일 '너무 억울하다는 이야기'를 계속 써 내려갔다. 눈물이 종이 위에 뚝뚝 떨어져도 멈추지 않았다. 그게 내 글쓰기의 시작이었다.

그런데 그때의 억울함이 내 인생 최고의 선물이 되었다. 내 마음을 글로 써서 풀어내는 방법을 찾은 것이다. 내 마음을 담은 편지를 쓰면 꼭 답장이 왔고, 그 글쓰기로 직업학교에도 들어갔다. 평생의 멘토도, 친구도 그렇게 만났다.

아프리카에 와보니 하루하루 글감이 될 이야기가 넘쳐

났다. 미국으로 유학 갈 때는 이미 책 네 권 분량의 원고를 써서 간직하고 있었다. 지금 생각하면, 나를 도둑으로 몬 그 할머니의 한마디가 내 재능의 문을 쾅! 열어준 셈이다. 그래서 가끔 웃으며 되뇐다.

"할머니, 사실은 고마워요. 그 누명 덕분에 나는 글을 쓰기 시작했고, 그 글이 나를 아프리카까지, 지금 이 자리까지 데려다줬으니까요."

가장 아픈 상처도 선물로 바뀔 수 있다는 것, 열다섯 살의 나는 그걸 온몸으로 배웠다.

⑦ 사랑이 들어오던 날들

군자는 마음이 넓고 평안하지만,
소인은 늘 근심하고 조급하다.
《논어》

–

君子坦蕩蕩 小人長戚戚 군자탄탕탕 소인장척척

내가 사랑에 가장 목말랐던 시절, 정말 사소한 친절 하나에도 가슴이 미친 듯이 뛰었다. 배곯던 사람이 한 숟갈의 밥에 눈물짓듯이. 그런데 사랑은 돈처럼 계산되지도 않고, 감정이라서 논리로도 딱 떨어지지 않는다. 누군가는 "미안해, 그때 내가 좀 심했지"라는 한마디에 40년 묵은 한이 녹아내리기도 하고, 또 누군가는 "너 그 정도밖에 안 돼?"라는 한마디에 평생 쌓아온 가족으로서의 정이 산산이 부서지기도 한다.

사랑은 참, 사람 마음을 가지고 장난치는 요정 같은 존재다. 나 역시 사랑 결핍으로 치자면 끝판왕이었다. 열네 살에 집을 나와 낯선 한의원 집에 얹혀살면서 '누가 나를 챙겨준다'라는 느낌을 처음으로 알았다. 같이 밥을 먹고, 아프면 약을 지어다 주고, 맛있는 것을 챙겨주는 그런 사소한 일들.

그러다 직업학교 사감 선생님을 만나면서 신앙이라는 문이 열렸다. 지금도 내 인생 최고의 멘토이신 분. 교회 사모님은 내 이름을 하나하나 불러가며 기도해주셨다. 그 몇 안 되는 작은 사랑들이 내 헛헛한 마음의 빈 곳을 천천히 채워주었다. 나는 복권 여러 장을 긁어 1등에 당첨된 사람처럼 하루하루 기쁨이 넘쳐흘러서 어쩔 줄 몰랐다.

나는 더는 사랑을 구걸하러 다니지 않았다. 누굴 붙잡고 늘어지지도 않았고, 억지로 뭔가를 붙여서 내 삶을 채

우려 하지도 않았다. 그저 내 앞에 놓인 길을 사랑이 충만한 채 뚜벅뚜벅 걸어갔다. 그런데 그 길 위에서 누군가가 손을 잡아주고, 등을 토닥여주며 "괜찮아"라고 말해주었다.

사랑은 애써 찾아 헤매는 게 아니었다. 자기 길을 묵묵히 걷는 사람에게 어느 날 문득 "야, 나 여기 왔어!" 하고 불쑥 찾아오는 햇살 같은 것이었다. 잡으려 하면 손가락 사이로 쏙 빠져나가고, 그냥 걷다 보면 어느새 어깨 위에 살포시 내려앉는 그런 녀석. 그 작은 사랑들이 지금의 나를 만들었다는 게 신기하고, 고맙다.

결핍이 깊었던 어린 소녀였던 만큼 사랑이 들어왔을 때의 충격도 컸나 보다. 지금도 나는 누가 나를 위해 기도해주면 따끈해진 마음을 품어 안으며 혼자 피식 웃는다.

아, 또 당첨됐구나! 그렇게.

⑧ 사람살이의 기술을 배우다

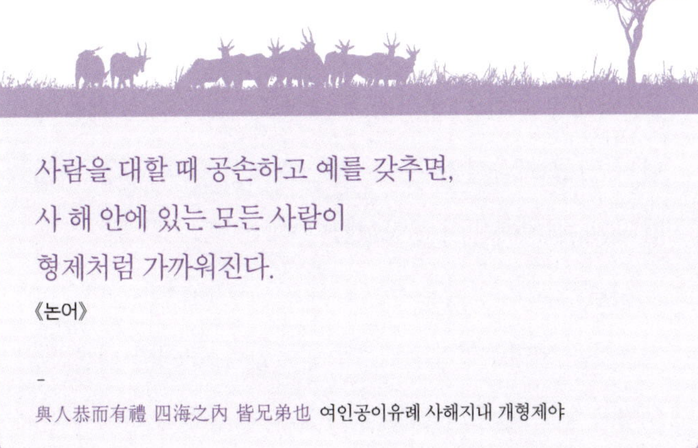

나는 중·고등학교 6년을 학교에 가는 대신 공장에서 일해야 했다. 친구들과 수다 떨 나이에 공장 기계 소리와 공장에서 틀어놓은 일명 뽕짝이라는 트로트가 내 귓가를 어지럽혔다. 그래서 나는 그 시기에 학교에

서 배울 수 있는 사회성, 인간관계 기술, 세상 살아가는 법 같은 걸 배우지 못했다. 하지만 꿩 대신 닭을 잡았다. 그 닭이 하필 사서오경 12권 전집이었다. 한쪽엔 한문 원문, 반대쪽엔 한글 번역이 붙어 있는 그 두꺼운 책들이 나의 인생 교과서였다. 그 책들 속에서 내 인생을 가장 빨리 바꿔놓은 건 이 문장이었다.

'사람은 웃는 얼굴과 부드러운 말씨로 대해야 한다.'

그것은 머리로만 알아도 될 일이었다. 하지만 나는 그 문장을 읽은 날부터 행동에 나섰다. 사람만 보면 웃음을 지었다. 먼저 인사하면서.

"안녕하세요."

이 한마디가 얼마나 셌던지, 세상이 조금씩 열리기 시작했다. 웃으며 인사하는 사람을 누가 미워하겠는가. 정말 독한 사람이 아니고서야.

나는 말할 때 일부러 목소리를 높이지 않으려 애썼다. 공장 언니들은 시끄러운 기계 소리 속에서도 큰 소리로 웃고 떠들고, 거친 말들을 주고받곤 했다. 나는 그 모습을 보며 속으로 다짐했다.

'나는 조금 다르게 살아보자.'

나는 그 기준을 고전에서 찾았다. 어른 흉내만 내고 말았다면 거기서 끝났을 것이다. 나에게 고전이 없었다면 나는 아마 '웃는 척', '인사하는 척', '착한 척'만 하다 금세 아이임이 들통났을 거다. 흉내는 금세 들통이 나는 법이니까. 하지만 생활 습관의 뿌리를 고전에 두니 그것은 평생을 갔다. 공장에서도, 보츠와나 사막에서도, 뉴욕 거리에서도, 케냐 마을에서도, 잘나갈 때도, 바닥을 칠 때도, 그리고 육십 대가 된 지금도.

내가 가진 삶의 기술은 네 가지다.

- 사람을 보면 웃는다.
- 먼저 인사한다.
- 부드럽게 말한다.
- 성실하게 대한다.

이 네 가지 삶의 기술을 가지고 나는 세계 곳곳을 누볐고, 가장 많은 문을 열었다. 앞으로 남은 인생도 이러한 태도는 변하지 않을 거라 확신한다. 사람들은 종종 나를 보고 이렇게 말하곤 했다.

"너, 무슨 라디오 방송국에서 나온 거야? 목소리가 왜 그렇게 좋아?"

나는 속으로만 웃으며 대답했다.

'사람들아, 이건 라디오가 아니라 《논어》에서 배운 거야.'

그때부터 지금까지 나는 여전히 사람을 보면 먼저 웃고 인사한다. 그게 내 삶의 방식이고, 그게 나를 여기까지 있게 한 가장 단순하고도 가장 강력한 무기다.

당신도 한번 진짜로 해보길. 세상이 조금 달라 보일 테니. 진심으로.

⑨ 나를 처음으로 불쌍하다고 말해 준 사람

다른 사람의 불행·고통을
딱하고 가엾게 여기는 마음
《맹자》

–

惻隱之心　측은지심

열여섯 살에 직업학교 교육을 마치고 바로 용인에 있는 편물공장에 취직했다. 학교는 꿈도 못 꾸고, 공장에서 일본으로 수출하는 스웨터 종류의 옷을 만들어야 했다. 척추장애를 가진 내 허리는 늘 뜨거운 돌덩이처럼 욱신거렸고, 의자에 앉아 있는 것만으로도 뼈마디는 비명을 질렀다. 기계 소리가 하루의 숨소리였다. 퇴근 때면 친구들의 눈을 피해 다락방에 숨어 혼자 울었다.

결국, 며칠을 못 버티고 길을 바꿨다. 집 대신, 밤 10시가 지나 사람들이 다 빠져나간 교회로 갔다. 예배당 문은 늘 열려 있었다. 텅 빈 의자들 사이, 창문으로 십자가 위 가로등 불빛만 살짝 얹혀 있었다. 나는 앉아서 울고, 엎드려서 울다가 조용히 무릎을 꿇었다. 그 울음 끝에 문득 내 얼굴이 보였다. 초등학교도 제대로 못 나온, 신체장애가 있는 집 나온 아이. 앞으로도 평생 이렇게 힘든 노동을 하며 살아야 할 것 같은 내가 보였다. 그날은 정말, 내가, 내가 너무 불쌍해 보였다.

그런데 생각지도 못한 일이 일어났다. 내가 나를 보살핀 것이다. 내가 나에게 말했다. 아주 조용히, 아주 또렷하게.

"애, 몸 아픈 건 네 잘못이 아니야. 그러니까 내가 너 용서해줄게. 몸이 아프니까, 마음은 내가 안 아프게 해줄게. 남들이 뭐라든 신경 쓰지 마. 내가 너 사랑해줄게."

그 말이 끝나는 순간, 누가 나를 와락 안아주는 것 같았다. 진짜로, 처음으로. 그 뒤로 나는 조금씩 웃기 시작했다. 나를 미워하지 않게 되었다. 나 자신을 정성껏 쓰다듬으며 한 발 한 발 걸었다.

지금도 그때 그 목소리를 떠올리면 기특하단 미소를 짓게 된다. 비록 십 대 소녀였지만 그런 말을 건넸던 것. 아프리카 사막에서도, 뉴욕 지하철에서도, 나이로비 뒷골목에서도 그날 밤의 내가 나를 구했다.

그날의 나는, 지금의 나를 키운 첫 번째 어른이었다. 지금은, 이제 다른 해영이를 위하는 어른이 되었다.

⑩ 그때 심은 씨앗이 피어나다

공자가 말씀하시길
덕은 외롭지 않으니 반드시 이웃이 있다.
《논어》

-

子曰 德不孤 必有鄰 자왈 덕불고 필유린

공장 일이 조금 익숙해지던 때였다. 손에 잡히는 건 뭐든 읽는 버릇이 생겼다. 영수증이든, 광고 지면이든, 글자만 있으면 눈이 갔다. 점심 먹고 잠깐 쉬던 시간, 바닥에 굴러다니는 신문지가 눈에 들어왔다. 광고까지 다 읽다가 작은 네모 칸에 눈이 멈춰졌다.

부산의 한 아동보호기관의 호소, '어려운 아이들을 도와주세요.'

그 한 줄이 가슴을 쿡 찔렀다. 그때 나는 가족과 떨어져 혼자 살았고, 마음은 늘 덜컹거렸다. 그래서였을까. 그 기관의 주소를 조그맣게 찢어 주머니에 넣었다. 집에 가서 편지를 한 장 썼다. 돕고 싶다고, 돈 보낼 방법을 좀 알려 달라고.

금세 답장이 왔다. 그날부터 월급에서 3천 원, 5천 원씩 떼어 은행을 통해 보냈다. 내게 있는 건 정말 아무것도 없었다. 그런데 그 적은 돈을 나눌 수 있다는 사실이 내 마음을 단단하게 만들었다.

세상의 돌봄이 재밌지 않는가? 나를 돌보려고 시작한 일이 아니라, 누군가를 돕겠다고 시작한 일이 결국 나를 구하다니.

돌아보면 그 찢어진 신문지 조각이 진정한 내 인생이 시작된 첫 씨앗이었다. 그 씨앗이 자라서 훗날 나를 아프리카까지 데려다 놓았다. 나를 살리는 가장 빠른 길이 가끔은 누군가를 돕는 길일 때가 있다는 셈이다. 적은 돈,

짧은 편지, 작은 마음. 그게 사람을 바꾸기도 한다. 가끔 그때를 떠올리면 흐뭇한 마음이 든다. 자기 처지도 슬픈데, 멀리 있는 아동들을 돕겠다고 돈을 보내다니….

이런 생각도 든다. 그때 나의 작은 도움을 받은 아이들이 나를 아프리카로 보내지 않았을까, 하는.

 십 대의 나에게 건네는 단 한 문장

주변과 화합하되 휩쓸리지 않는다.
가운데 우뚝 서서 치우치지 않는다.
《중용》

和而不流 中立而不倚 화이불류 중립불의

지금의 내가 그때의 나를 만난다면…, 공장 기계 소음 속에서 실타래를 감고, 먼지를 뒤집어쓴 채 하루를 버티던 열여섯 살의 나에게, 다락방에 숨어 몰래 눈물 흘리던 그 저녁들, 누가 부를까 봐 어깨를 잔뜩 움츠리고 살던 그 아이에게, 나는 망설임 없이 한마디만 건네려 한다.

"너 진짜 잘하고 있어. 진짜 잘 버티고 있잖아."

이 말은 위로가 아니라 사실이다. 그때의 나는 상황이 힘들어서 못난 것이 아니었다. 누가 칭찬해주지도, 등을 토닥여주지도 않았는데, 매일 아침 눈을 뜨고 작은 어깨로 한 걸음씩 걸어 나갔으니까. 지금 돌이켜보아도 그때의 내 모습이 참 기특하다. 가까운 내 친구들은 나를 볼 때마다 엄지를 치켜세우며 말한다.

"너 정말 잘 버텼어."

그렇게 말하는 그들의 눈빛을 받을 때면 나도 모르게 어린아이처럼 웃음이 난다. 나는 그때의 나에게 "더 잘해, 더 빨리해" 같은 말은 절대 하지 않을 것이다. 이미 충분히 해냈기 때문이다. 지금 내가 이렇게 웃으며 살아갈 수 있는 것도 그 아이가 쌓아 올린 용기 덕분이다. 그래서 이 문장을 당신에게도 조용히 건넨다.

당신의 삶이 녹록지 않고, 친구들과 비교하며 작아지고, 누군가의 기대에 숨이 막힐 때가 있지 않은가. 그럴 때 당신에게 속삭여주면 좋을 말이 "너, 지금도 잘하고 있어. 진짜 잘 버티고 있잖아"라는 말이 아닐까.

언젠가 당신도 과거의 당신을 돌아보며 똑같이 말하게 될 것이다. 그때는 아마 웃음이 먼저 나올 테지.

"그때 내가 어떻게 버텼지?"

그날까지 조금만 더 기특하게 버텨주길. 나도 그렇게 했고, 지금 여기 이렇게 서 있으니까.

공자가 말씀하시길
군자는 조화를 이루되 같아지려 하지 않고,
소인은 같아지려 들지만, 조화를 이루지 못한다.
《논어》

-

子曰 君子和而不同 小人同而不和 자왈 군자화이부동 소인동이불화

십대 때의 나는 늘 외톨이였다. 다른 사람들과 어울리는 데 어려움을 겪었고, 혼자서 무엇이든 해내야 한다고 믿었다. 그런데 아프리카의 끝없는 들판과 마을 사람들을 만나면서 알게 되었다. 세상은 내가 혼자 있

다고 해서 화내지 않는다는 것을. 오히려 우리가 제 속도로 올 때까지 조용히 기다려준다는 것을.

이제 나는 조금 느리게 걷고 싶다. 바람이 머리카락을 살짝 헝클어도 그냥 웃으며 지나가는 속도로. 조사하고, 글 쓰고, 낯선 땅에서 새로운 사람들을 만나고, 가끔 강단에 서서 아프리카에 대해 이야기하는 것도 좋다. 하지만 꼭 아프리카일 필요는 없다. 가슴이 살짝 뛰는 곳이면 어디든 좋다. 조카들이 식탁에서 떠들고, "고모~~" 하며 장난치면 내가 "왜~~" 하고 받아치는 그 평범한 소란함이 계속되면 좋겠다. 오래된 친구 토머스와는 대륙을 넘어 "인류를 위하여!"라는 진부한 구호를 외치며 또 같이 뭔가를 벌였으면 좋겠다.

내가 가진 건 많지 않다. 작은 마음, 작은 손길, 때로는 빈약한 통장 잔고. 그런데 그 작은 것들이 누군가에게는 꽤 큰 온기가 되더라. 그걸 알게 된 뒤로, 앞으로의 날들이 괜히 든든해졌다. 이 책을 읽고 있는 당신에게 응원의 말을 더한다.

당신은 남들을 따라가는 사람이 아니라 결국, 당신만

의 속도로 세상을 조용히 밝히는 사람이 될 거다. 너무 서두르지 말길. 세상은 당신이 생각하는 것보다 훨씬 너그럽고, 당신이 올 때까지 묵묵히 기다려줄 준비가 되어 있으니까.

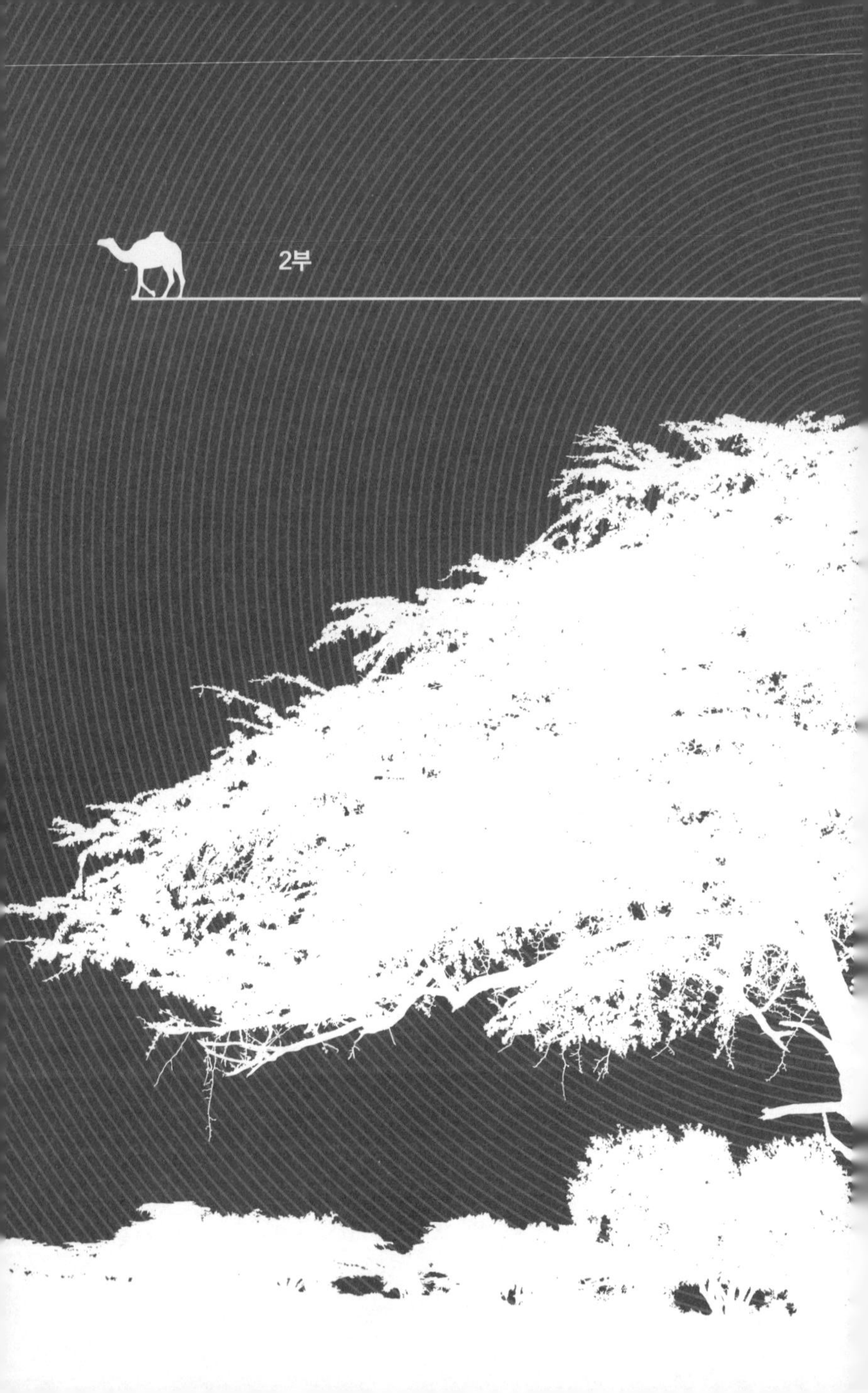
2부

나를 먼저 안아준 곳,
아프리카

군자는 능력이 없음을 근심하고,
남이 자기를 알아주지 않음을 근심하지 않는다.
《논어》

_

子曰 君子病無能焉 不病人之不己知也 자왈 군자병무능언 불병인지불기지야

한국은 눈이 펑펑 내리는 2월이었는데, 비행기 문이 열리자마자 누가 뜨거운 담요를 얼굴에 확 덮어씌운 것 같았다. 겨울옷에 검은색 바지까지 껴입고 온 내가 한여름 보츠와나에 떨궈졌다. 40도 가까운 온도 차를 몸이 먼저 알아차렸다. 열기에 입이 떡 벌어지는 건

당연한 일이었다.

작은 프로펠러 비행기를 갈아타고 창밖을 보니, 지구를 누가 황토색 물감으로 싹 칠해 놓은 것 같았다. 하늘은 구름 한 점 없이 파랗고, 땅은 끝없이 붉었다.

‘와, 여기 진짜 다른 행성인가?’

출구로 나오자마자 직업학교 책임자 부부가 한 살짜리 아기를 안고 기다리고 있었다. 차에 타자 부인이 조심스럽게 물었다.

“영어 이름… 있으세요?”

“없어요.”

그러자 기다렸다는 듯 작은 종이를 꺼낸다.

“여러 개 중에서 이 이름이 어때요? 캐서린? 캐더린?”

나는 “네, 캐서린! 좋은데요” 하고 고개를 끄덕였다. 옆에서 운전하던 그녀의 남편이 웃으며 한마디 던진다.

“첫날부터 이렇게 태연한 사람 처음 봤어요.”

아, 이렇게 영어 이름이랑 칭찬을 동시에 덤으로 얻는구나.

부인이 아기를 번쩍 들어 보여준다.

"여기서 태어난 우리 아들이에요. 이름은 소망이에요."

낯선 나라에서 처음 만난 아기인데, 그 아이가 순식간에 내 마음 한쪽을 싹 점령해 버렸다. 작고 따뜻한 손이 내 손가락을 꽉 잡는데, 그 순간부터 이미 나는 아이의 '이모이자 고모' 분위기로 들어갔다.

공항을 빠져나와 70킬로미터쯤 떨어진 도시로 가는 길. 지평선 끝까지 펼쳐진 붉은 땅과 파란 하늘만 있었다. 한 달 전만 해도 '보츠와나'라는 이름이 생소했는데, 이제는 그 한가운데를 달리고 있다니, 인생이란 참…. 나중에 내가 새로 온 사람들을 마중 나갈 때마다 꼭 했던 질문이 있다.

"여기 오면서 무슨 생각 했어요?"

그러면 가끔 이런 대답이 돌아온다.

"살아서 못 나갈 것 같았어요."

아, 그 한마디가 내가 첫날 느낀 그 막막함을 제일 정확하게 말해주는 것 같다. 그 말을 들을 때마다 속으로 미소 지으며 생각한다. 그래, 나도 그랬지. 그런데 지금은… 여기서 이렇게 잘 살고 있잖아. 뜨거운 공기가 나를 먼저 안아주던 그날, 나는 나 자신도 모르는 사이에 새로운 삶을 시작하고 있었다. 그리고 그 시작은, 생각보다 훨씬 더 따뜻하고, 훨씬 더 웃겼다.

마음을 보존하고 본성을 기르는 것이
하늘을 섬기는 것이다.
《맹자》

存其心 養其性 所以事天也 존기심 양기성 소이사천야

칼라하리 사막에 처음 발을 내디뎠을 때 가장 먼저 든 생각은 '여긴 아무것도 없구나'였다. 하늘은 끝없이 푸르고, 땅은 끝없이 붉었으며, 그 사이를 바람만 스쳐 지나갔다. 처음 몇 달은 그 텅 빈 곳이 무서웠다. 도대체 뭘 보며 살까. 뭘 들으며 살까. 밤이 되면 별이 너무 많아서 숨이 막힐 지경이었다. 그런데 7년쯤 지나고 나서야 알았다. 사막은 비어 있는 곳이 아니라, 가득 찬 곳이라는 것을. 하늘로 가득, 땅으로 가득, 햇살과 바람과 고요로 꽉 차 있었다. 그 가득함이 처음엔 보이지 않았을 뿐이었다.

오래 바라보고 있으면 바람이 말을 건다. 진짜 소리가 나진 않지만, 마음 깊은 곳에서 똑똑히 들린다. 시간이 어떻게 흘러가는지, 계절이 어떻게 바뀌는지, 하루가 어떻게 시작되고 끝나는지. 그 모든 것이 소리 없이 소리를 내며 다가온다. 어느 날은 바람이 이렇게 속삭였다.

"애태우지 마. 다 지나갈 거니까."

그 말이 가슴에 닿는 순간, 눈물이 핑 돌았다. 그때 처음으로 깨달았다. 사막이 이렇게 조용한 이유는, 가장 큰 소리를 품고 있기 때문이라는 것을. 그 시절이 내 인생에서 가장 행복했던 때였다. 행복의 크기는 작았지만, 깊이는 끝이 없었다. 그 작은 행복 하나가 나머지 모든 시간을 견디게 해주었다.

지금도 가끔 바람이 불면, 칼라하리에서 들었던 그 소리가 스친다.

"괜찮아. 다 지나갈 거야."

그러면 문득 웃음이 난다. 나이로비의 미친 교통체증 속에서도, 케냐의 갑작스러운 정전 속에서도, 그 바람 한 자락 떠올리면 마음이 조금 가벼워진다. 아무래도 도 닦는 데는 사막이 제일이긴 한가 보다.

 신발 정리로 얻은 사람 마음

공자가 말씀하시길
말은 더디게(신중하게) 하되
행동은 민첩하게 한다.
《논어》

子曰 君子欲訥於言 而敏於行 자왈 군자욕눌어언 이민어행

보츠와나에 막 떨궈져서 정신없던 때였다. 타운에서 인도에서 온 혼혈 할머니를 알게 되었다. 영국인 남편을 따라서 왔던 분인데, 남편은 하늘나라로 떠나고 혼자 조용히 작은 식당을 운영하고 계셨다. 우린 금세 친해졌고 나는 어느 날 그분 집에 초대를 받았다. 약속

시간 딱 맞춰 갔는데, 대문을 열고 들어와서 소파에 앉았더니 할머니가 웃으시는 거다.

"캐서린, 아까 들어오면서 왜 신발을 들었다 놨다 했어?"

현관에 가지런히 놓인 신발들을 가리키며 눈을 반짝이는 것이었다. 나는 어깨를 으쓱하며 대답했다.

"아, 저는 어딜 가든… 벗어놓은 신발을 정리하는 버릇이 있어요."

할머니는 아주 옅은 미소를 지었다. 그 미소가 '아, 이 아이는 괜찮은 아이구나' 하는 듯한 눈빛이었다.

그날 이후로 할머니는 나를 특별히 챙겼다. 식당에 들르면 먹을 걸 슬쩍 챙겨주고, 말 안 해도 마음을 먼저 읽어주는 식으로. 사실 식당 사장은 손님의 태도를 제일 먼저 보는 사람 아닌가. 그 눈에 내 '신발 정리' 본성이 딱 걸린 거다.

지금 생각하면 피식 웃음이 난다. 국제개발 전문가라고 나름 무게 잡았지만 결국, 나를 제일 잘 알게 해준 건 현관에 가지런히 놓인 신발 한 켤레였다니.

작은 행동 하나가 자신을 대신 말해줄 때가 있다. 그걸 처음 알게 해준 건 보츠와나에서 만난 인도 할머니였다. 그 할머니 덕분에 다른 인도계 사람들을 친구로 얻게 된 건 덤이고.

우러러볼수록 더욱 높고,
파고들수록 더욱 단단하다.
《논어》

仰之彌高 鑽之彌堅 앙지미고 찬지미견

1990년, 보츠와나에서의 첫해, 직업학교 교사로 일하던 시기, 학생 한 명이 입원해서 여학생 몇 명을 데리고 병문안을 가던 날이었다. 모래 먼지가 풀풀 나는 길, 아이들은 앞에서 깔깔대며 달리고, 이십 대 중반의 나는 땀범벅이 된 채 터벅터벅 뒤따라갔다. 그러다 갑자기 앞서서 가던 제일 명랑한 카렌이 고개를 홱 돌리더니 나를 향해 성큼성큼 걸어왔다. 큰 눈, 큰 목소리, 큰 웃음. 평소에도 지나칠 때마다 "Teacher!" 하며 손을 흔들던 아이. 그 카렌이 내 앞에 딱 멈춰 서더니, 갑자기 쪼그려 앉으며 등을 내밀었다.

"캐서린! 업혀요!"

순간 머릿속이 하얘졌다. 선생 된 첫해에 학생한테 업히는 선생이라니? 이건 예의 문제도, 체면 문제도 아니었다. 정체성이 완전 붕괴되는 순간이었다. 하지만 카렌은 그런 것 재고 따지지 않았다. "얼른!" 하더니 이미 나를 번쩍 업고 일어났다. 그 등은 놀랍도록 단단했고, 심장은 더 뜨거웠다. 몇 걸음 가지도 못해 내려놓긴 했지만, 그 순간 햇빛은 더 밝아졌고, 카렌의 웃음은 그보다 더 밝았다. 결국, 나는 그 밝은 마음에 업혀 병원까지 갔던 셈이다.

지금도 문득 떠오른다. 아프리카가 나를 키운 첫 장면. 티 없이 건넨 십 대 소녀의 친절이 내가 이 대륙을 떠나지 못하는 가장 큰 이유 중 하나라는 걸, 이제는 웃으며 인정한다. 세상에서 제일 멋진 선생이 된 날. 그날의 등하나가 아직도 나를 업고 다닌다.

뜻을 세운 선비와 어진 사람은
살기 위해 인仁을 해치지 않으며,
몸을 희생해서라도 인을 이룬다.
《논어》

-

志士仁人 無求生以害仁 有殺身以成仁
지사인인 무구생이해인 유살신이성인

이십 대 초반, 일본 연구소에서 기술을 배우던 때였다. 지바 선생님은 나를 유난히 예뻐했다. 생일엔 직접 음식을 차려주고, 내가 망설이면 "동생들 생각이 나나요?" 하고 웃으며 물었다. 그 다정한 목소리로 내 이름을 "찌이사이 기무상" 하고 불렀다. 그때 처음 알았다. 나이 든 여성이 주는 어머니 같은 사랑이 그렇게 부드럽다는 걸. 어느 날, 선생님이 조용히 입을 열었다.

"찌이사이 기무상… 나는 언젠가 죽으려고 한 적이 있어요."

남편이 오래 아팠고, 혼자 집안을 꾸려온 세월이 너무 무거웠다고 했다. 그래서 죽으려고 근처 댐까지 갔단다. 한쪽은 낭떠러지, 한쪽은 깊은 물. 그 앞에서 '낭떠러지는 시신이 너무 참혹할 테고… 물은 너무 깊어서 아마 못 찾겠지.' 그렇게 서서 망설이다가 결국 죽을 마음이 사라졌다고 했다.

그 이야기를 나는 마음 깊은 곳에 넣어두었다. 보츠와나에서 산 지 3년째. 아직 청년일 때, 아무도 없는 대륙 한가운데서였다. 외로움, 불안, 허무가 매일 가슴을 짓눌렀다. 정말 매일 죽고 싶었다. 어느 날, 아무 생각 없이 사람들이 낚시하러 간다는 그 댐으로 갔다. 한낮 햇살 아래, 혼자 그 길을 걷다 문득 깨달았다.

여기가… 지바 선생님이 말했던 그 댐이다. 왼쪽 낭떠

러지, 오른쪽 깊은 물. 폭은 겨우 한 걸음 반, 길이는 20미터쯤. 죽을까? 물 쪽으로? 낭떠러지 쪽으로? 그런데 내 몸은 놀라울 정도로 열심히 버둥대고 있었다. 온몸이 긴장하고, 균형을 잡고, 발끝까지 힘을 주며 떨어지지 않으려 애썼다. 겨우 20미터도 안 되는 댐을 마치 200미터나 되는 양 걸었다.

이날은 살아가는 동안 내 마음에 이렇게 새겨졌다. 마음이 괴롭고 힘든 날에도 내 몸은 살고 싶어 한다고. 그 뒤로 아프리카에서의 삶의 외로움과 괴로움이 조금씩 옅어졌다.

지금도 생각한다. 우리가 지바 선생님이나 나처럼 삶의 어떤 시기에 댐 위에 서 보게 된다는 걸. 그리고 우리는 그 댐 위에서 살아남았다는 걸. 서로 다른 대륙, 같은 폭의 길 위에서 그렇게 같은 마음으로 한 길을 걸었던 두 사람이 있었다.

18 어두워지는 산속 길에서

형편이 막히면 자기 자신을 바로 세우고,
형편이 열리면 천하를 함께 이롭게 한다.
《맹자》

窮則獨善其身 達則兼善天下 궁즉독선기신 달즉겸선천하

보츠와나에 처음 발을 내디딘 지 2~3년간은 아직도 눈에 선하다. 모든 일이 처음이라 막막했고, 밤마다 외로움이 가슴을 짓눌렀다. 그래도 가끔은 하늘이 활짝 열리는 순간이 있었다. 주말에 70킬로미터 떨어진 작은 도시를 다녀오던 길이 그랬다.

그날도 해가 뉘엿뉘엿 기울어서야 집으로 발걸음을 돌렸다. 버스도 없고, 택시도 다니지 않는 곳이라 철길을 따라 걸었다. 별생각 없이 걷다가 어느새 산속 깊숙이 들어오게 되었다. 되돌아가기엔 너무 멀었고, 앞만 보며 걸으면 어딘가 길이 나올 거라 믿었다. 한 걸음, 또 한 걸음. 아직 저녁도 아닌데 산그늘이 점점 짙어졌다. 어둠이 발목을 잡아당기는 것 같았다. 가슴이 쿵쾅거렸다. 땀이 등줄기를 타고 흘러내렸다. 길이 흐려져 어디로 가야 할지 알 수 없었다.

그때 입에서 저절로 이런 말이 새어 나왔다.

"주여… 살려주소서…."

손이 덜덜 떨리고 숨이 가빠졌다. 바로 그 순간, 멀리 산 너머로 희미한 불빛 하나가 흔들렸다. 몸이 먼저 움직였다. 거의 뛰다시피 산길을 내려와 도로로 나왔을 때, 밤은 이미 깊어 있었다. 멍하니 서 있으려니 차 한 대가 천천히 속도를 늦추더니, 다시 뒤로 돌아와 멈췄다. 그러자 문이 열리고 들려온 목소리.

"캐서린, 여기서 뭐 해요? 어서 타요."

놀랍게도 그 차 안에는 우리 동네 대추장님 어머니가 앉아 계셨다. 숨이 턱 막힐 만큼 당황했지만, 그날 그분은 나를 구원하러 온 천사였다. 그 뒤로 혼자 산길에 들어서는 일은 없었다. 어둠과 두려움, 기도와 구원. 그 모든 것이 아프리카에서 다시 일어서는 힘이 되었다. 물론, 아프리카에선 혼자 길을 나서면 안 된다는 걸 배운 날이기도 하다.

그리고 한 가지 웃지 못할 후일담이 있다. 그 뒤로 대추장님 어머니를 뵐 때마다 고맙다고 인사하면, 그분은 늘 웃으며 말씀하셨다.

"다음엔 좀 더 빨리 차에 타라고!"

내가 산속에서 기도하며 뛰던 꼴이 너무 우스웠던 모양이다. 아프리카에서의 하루하루는 정말, 끝까지 알 수 없는 시간이다.

요절하든 장수하든 (천명을) 두 마음 먹지 않고,
몸을 닦아 그것을 기다리는 것이
곧 목숨을 세우는 것이다.
《맹자》

–

天壽不貳 修身以俟之 所以立命也
요수불이 수신이사지 소이립명야

보 츠와나에서 교사로 지내던 시절이었다. 어느 날 한 여학생이 갑자기 몸이 안 좋다 해서 집으로 돌려보냈다. 며칠 지나지 않아 그 아이가 세상을 떠났다는 소식이 왔다. 1990년대 초반, 그곳에서는 청소년들이 그렇게 갑작스럽게 세상을 떠나는 일이 드물지 않았다.

장례식장이 수도 근처라 학생들과 함께 도시 구경도 할 겸 찾아갔다. 장례는 며칠에 걸쳐 천천히 이어졌다. 집 뒷마당이 곧 묘지였는데, 아프리카에서는 그런 풍경이 흔했다. 사람들은 모인 이들에게 음식을 내왔고, 우리는 북적이는 마당 한구석에 쪼그려 앉아 따끈한 밀리밀(아프리카 전통 음식)과 소고기 반죽, 샐러드를 먹었다.

아프리카의 장례식은 슬픔을 담은 행위라기보다는 삶의 일부처럼 느껴졌다. 울음과 웃음이 섞인 목소리, 먼지 어린 바람, 흙내음이 스민 공기, 그리고 죽은 이의 빈자리를 메우듯 떠들썩한 사람들. 그 모든 게 어우러져 묘한 생기를 내뿜었다.

내 앞에 놓인 먹거리를 숟가락으로 떠 입으로 가져가려는 순간, 문득 죽은 아이와 똑 닮은 얼굴이 스쳐 지나갔다. 등골이 서늘해졌다. 옆 사람에게 슬쩍 물었다.

"저기… 저 사람, 혹시…."

"쌍둥이예요."

그 말에 음식을 먹으려고 손에 쥔 숟가락에 무게가 느

꺼졌다.

'아, 산 사람만이 밥을 먹는구나.'

그 단순한 사실이 가슴속에 깊이 스며들었다. 그날 먹었던 밀리밀의 온기, 사람들의 북적임, 뒷마당 흙냄새가 지금도 가끔 코끝을 스친다. 삶은 이렇게 한 숟가락의 음식으로 이어지는 것이구나 싶다.

군자는 (특정 용도의) 그릇이 아니다.
《논어》

-

子曰 君子不器 자왈 군자불기

모든 게 낯선 아프리카에서는 매 순간이 작은 모험처럼 느껴지는 때가 많다. 여덟 명을 꽉 채운 봉고차가 보츠와나의 남쪽에서 북쪽 끝, 초베강까지 1,200킬로미터를 달렸다. 4월 밤바람이 차가웠는데, 그때쯤 뱀들이 도로 위에서 잠을 잔다는 말이 있었다. 아니나다를까 뱀이 나타났고, 남자 일행들이 차를 세워 그것들을 집어

담기 시작했다. "독 없어, 괜찮아!" 하면서. 그러다 수가 너무 많아지자 그냥 지나치기 시작했다.

그런데 어느 순간, 누군가 튼튼해 보이는 뱀 두 마리를 잡아 밥솥에 넣어버렸다. 둘 데가 마땅치 않아, 그걸 내 자리 옆에 놓았다. 살아 꿈틀대는 뱀이 바로 내 옆에?! 숨이 턱 막혔다.

"저… 이거…?"

나는 그 길고 긴 거리를 뱀과 함께 갔다. 뚜껑이 들썩일 때마다 심장이 내려앉았고, 꿈틀 소리가 들릴 때마다 다리가 저렸다. 지금 돌이켜보니 그때의 나는 무모할 만큼 대담했다. 아니, 그저 얼어붙어 꼼짝 못 했을지도. 마을에서 살 때도 뱀이 집 앞을 스르륵 지나가곤 했고, 전갈이 부엌을 기어 다니거나, 두더지가 정원을 파헤치거나, 사슴이 멀리서 나를 빤히 쳐다보는 일은 흔했다. 하지만 이 '뱀 동행'은 그 모든 걸 한 방에 초라하게 만들었다.

여행이 끝난 뒤, 이상하게도 놀랄 일이 줄었다. 길가에서 뱀이 꿈틀대고, 전갈이 스쳐 지나가고, 사슴이 나타나도 "또 왔네" 할 뿐. 그러다 나이로비로 옮겨 도시 생활을 시작하자 뱀은 아예 보이지를 않았다. 그래서 가끔 사람들 앞에서 웃으며 말하곤 한다.

"여긴 진짜 아프리카가 아닌가 봐."

아프리카는 늘 이렇게 한 번 깜짝 놀라게 한 뒤에 황당한 일도 고개를 끄덕이게 만드는 곳이다. 그 1,200킬로미터의 여정은 놀라움에 에너지를 쏟는 대신, 있는 그대로 받아들이며 웃어넘기는 법을 가르쳐주었다.

그렇게 나는 아프리카 길 위에서 조금씩 단단해졌다. 밥솥 속 뱀이 꿈틀대도 전혀 위험하지 않다는 걸 배우면서.

지금도 그 뱀들을 떠올린다. 그 애들은 지금쯤 이 넓은 대륙 어딘가에서 무사히 살고 있겠지. 나처럼 아프리카를 누비며.

 아프리카의 봄, 보라색 향기

지혜로운 사람은 물을 즐기고,
어진 사람은 산을 즐긴다.
《논어》

-

知者樂水 仁者樂山 지자락수 인자락산

아프리카에 봄이 있다고? 있다. 정말로 있다. 한국에서는 3월에 벚꽃이 터지지만, 여기 동부와 남부 아프리카에서는 10월이 봄이다. 황금빛으로 바싹 말라 있던 땅이 어느 날 아침 눈을 뜨면, 흙 속 깊이 숨죽이고 있던 물줄기가 갑작스럽게 튀어 올라온다. 그러다 어느 순간, 메말라 있던 나무에서 보라색 꽃들이 팝콘처럼 툭툭 터진다. 자카란다꽃이다. 꽃잎이 열리는 소리는 들리지 않고, 향기만 먼저 온다. 라일락처럼 부드럽고, 먼 옛날 누군가의 첫사랑 같은 향기. 아프리카의 봄은 그렇게 냄새로 시작된다.

내가 케냐에 처음 발을 디딘 것도 정확히 그때였다. 공항을 나서자마자 따뜻한 바람이 얼굴을 스쳤고, 마른 풀 냄새와 흙냄새가 뒤섞여 코끝을 간질였다. 햇빛은 하루가 다르게 강해졌고, 걸음을 옮길 때마다 가슴속에서 노래가 흘러나왔다. '라일락 꽃향기 맡으면…', 이문세의 그 오래된 노랫가락이.

남부 아프리카 사람들은 이 나무를 '백인들의 나무'라고 부른다. 백인들이 사는 동네에는 어김없이 큰 자카란다가 서 있고, 10월이 되면 그 커다란 나무들이 보라색으로 폭발해 버린다. 멀리서 보면 동화 속의 성 같고, 가까이 다가가면 향기가 사람을 다른 세계로 데려간다. 생각지도 않았던 계절이 코끝을 스치는 봄꽃 향기를 뿜으며 갑자기 다가오니까 예상하지 못한 반가움이 일고, 이국의 향에 코가 먼저 나무를 찾는다. 나는 잠시 멈춰 서서 눈을 감는다. 그때 그 공항을 나서던 순간, 낯선 땅에서 처음으로 느꼈던 설렘과 두려움이 뒤섞인 그 냄새. 보라색 향기 하나가 내 안의 시간을 거꾸로 돌려놓는다.

아프리카는 그렇게, 냄새 하나로도 사람을 오래오래 붙잡아 두는 곳이다. 그 붙잡힘이 전혀 무겁지 않다는 게 신기할 뿐이다. 그냥, 가만히 숨 쉬는 것만으로도 적당히 따뜻해지는 것도.

22 별 보며 멍때리던 날

도란 잠시도 떠나 있을 수 없는 것이다.
만일 떠날 수 있다면,
그것은 도가 아니다.

《중용》

道也者 不可須臾離也 可離 非道也 도야자 불가수유리야 가리 비도야

2013년, 사진작가인 김 작가와 아프리카의 별 사진을 찍겠다며 보츠와나 칼라하리 사막 한쪽 끝으로 갔었다. 끝없이 펼쳐져 있는 서쪽 지평선 위로, 해가 붉은 주황빛을 흩뿌리며 천천히 녹아내리고 있었다. 아프

리카의 석양은 늘 그렇듯 하늘이 온통 불타는 듯하다가도 바람이 지나면 순식간에 차분한 황금빛으로 변한다. 그 빛이 사막 모래를 어루만지며 길게 그림자를 드리우는 모습은 쓸쓸하면서도 아름다웠다.

캠핑 의자 두 개만 덩그러니 놓고 오후 4시부터 앉아 있었다. 아무것도 하지 않고 하늘만 바라보고, 바람 소리만 듣고, 가끔 서로 말 한마디 없이 웃기만 했다. 그러다 김 작가가 말했다.

"선생님, 지금 그 모습이 제가 봤던 모습 중에서 제일 편안해 보이십니다."

김 작가의 말이 진실하게 다가왔다.

해가 거의 지고 잔영이 남았을 때쯤 초승달은 부시나무 뒤로 숨었고, 십자성 별이 그 위에서 반짝였다. 은하수는 맨눈으로도 선명하게 보였다. 별들이 서로를 부르는 듯 반짝였다. 그 순간 가슴 한구석에 행복이 가득 채워졌다.

'아, 그래서 내가 여기에서 사는구나.'

아프리카가 나를 붙잡아 둔 이유가 바로 이런 순간 때

문이었다.

김 작가가 별 사진을 찍으려고 1분 노출을 걸어놓았는데, 하필 그 순간이었다. 그 끝없이 넓은 사막에서 4시간 동안 딱 한 대의 자동차가 지나갔는데 그 불빛이 저 멀리서부터 카메라 앞을 비추었다. 그런데 그 불빛 덕분에 부시나무의 거친 질감까지 살아 있는 기막힌 은하수 사진이 나왔다. 누가 준 것도 아닌데 선물 받은 기분이었다.

돌아오는 길, 차 안에서 문득 생각했다. 가끔은 이렇게 아무것도 하지 않고 그냥 앉아 있는 게 내 인생에서 가장 잘한 일이 될 수도 있다는 걸. 당신에게도 언젠가 그런 날이 오겠지. 석양이 다 타버리고 바람만 남는 그 순간에, 지금껏 달려온 모든 이유가 조용히 고개 들어 당신을 바라볼 테니까.

 # '사랑'이라는 글자, 그리고 내가 찾은 집

맹자가 말씀하시길
인은 사람이 편안히 머무는 집이며,
의는 사람이 바르게 걷는 길이다.
《맹자》

—

孟子曰 仁 人之安宅也 義 人之正路也
맹자왈 인 인지안택야 의 인지정로야

한 자, '애(愛)'를 참 좋아한다. 사랑을 싫어하는 사람이 세상에 없듯이 나 역시 좋아한다. 손으로 쓰다듬고, 한 지붕 아래 있고, 그 안에 마음을 품는 것. 그걸 사람들은 사랑이라고 불렀다.

나는 이 글자를 너무나 잘 안다. 어린 시절부터 사랑을 받지 못한 채 자랐으니까. 초등학교 때부터 엄마는 극심한 우울증으로 아프셨고, 집은 늘 전쟁터였다. 아빠의 죽음으로 모든 불행을 내 탓으로 돌리는 엄마의 학대가 날로 더 심해졌다. 따뜻한 밤, 안전한 잠자리 같은 건 없었다. 이후 공장 기숙사, 훈련소, 좁은 자취방… 어디에도 내 자리는 없었다.

나는 늘 발버둥을 치는 아이였다. 보츠와나로 떠날 때도 그랬다.

'여기보다 더 나쁘겠어?'

도망치듯 떠난 대륙이었다. 그런데 그곳에서 뜻밖의 일이 벌어졌다. 남동생이 내가 있는 곳으로 와 결혼하고, 조카가 태어났다. 또 다른 남동생까지 합류했다.

나는 생애 처음으로 진짜 집을 가졌다. 온전한 가족과 함께 사랑이 무엇인지, 몸으로 배웠다. 그제야 알았다. 사랑은 내가 찾아 헤맨 것이 아니라, 내가 만들어낸 자리였다는 걸. 아프리카에서 사는 지금의 나는 가끔 이렇게 말하곤 한다.

“내가 믿는 신에게 불평할 게 없어. 너무 좋은 것들을
너무 많이 받아서.”

사랑이라는 집을 뒤늦게 지은 사람. 그 사람의 집 마루
위에 가족들의 웃음과 발걸음이 하루하루 채워지고 있다.

24 칼라하리에서 나를 다시 만나다

군자가 보통 사람과 다른 이유는
그가 마음을 간직하고 살아가기 때문이다.
《맹자》

君子所以異於人者 以其存心也 군자소이이어인자 이기존심야

2011년 가을, 미국 유학을 마치고 잠시 숨을 고르던 무렵이었다. 글쓰기 교실에서 만난 직장인 친구 둘이 "보츠와나요? 저희도 같이 갈 수 있어요?" 하고 물어왔다. 그곳에서 살았으면서도 나는 그곳을 제대로 둘러본 적이 없었다. 그래서 우리는 배낭 하나씩을 메고, 보츠와나 동서남북을 히치하이크로 한 바퀴 돌기로 했다.

그런데 이상한 일이 이어졌다. 처음 가보는 보츠와나의 도시와 마을들에서 사람들이 나를 알아보는 거였다. 호텔 로비에서 여권을 내밀면 직원이 눈을 동그랗게 뜨고 "너… 캐서린이지?"라고 말하고, 칼라하리 사막 한가운데에 덩그렇게 자리한 주유소에서, 지나가던 트럭에서 어떤 사람이 "캐서린! 굿호프에서 축구할 때마다 봤어!" 하며 소리쳤다. 심지어 부시먼들이 사는 짜봉 마을 입구에서는 먼 곳에서 한 여성이 두 팔을 벌리고 달려오며 "캐서린~~!" 하고 불렀다. 그 목소리에 눈물이 핑 돌았다. 옛 제자였다.

길 위에서 만난 사람마다 나를 '캐서린'이라고 불렀다. 그 이름이 입에서 입으로, 마을에서 마을로, 10년 가까이 조용히 입에 오르내리고 있었던 셈이다. 그 덕에 나의 여행은 잊지 못할 추억이 되었다. 만 14년을 산 보츠와나에서 나는 그냥 스쳐 지나간 외국인이 아니었다. 누군가의 기억 속에 선생으로, 친구로, 이웃으로, 한 사람의 이름으로 남아 있었던 거였다.

그 배낭여행의 추억은 지금도 가슴 한편에 따뜻하게 남아 있다. 뜨거운 사막 바람이 불거나 차가운 밤하늘 별이 쏟아질 때, 그 이름 하나만 떠올려도 다시 그곳 사람들 곁에 서 있는 기분이 든다. 지금도 안다. 다시 그 길을 걷는다면, 멀리서 누군가가 뛰어오며 여전히 "캐서린!" 하고 알아볼 사람들이 거기에 있다는 걸.

그 이름이 남겨준 선물은 이 땅에서 내가 혼자가 아니었다는 사실, 그리고 누군가에게 잊히지 않는 사람으로 살았다는 사실이었다. 그걸 깨닫고 나니, 어디를 가든 조금 더 용기내어 누군가의 기억에 남을 수 있는 사람이 되고 싶어졌다.

3부

아프리카에서 배운
삶의 리듬

막다른 데 이르면 변하고,
변하면 길이 통하며,
길이 통하면 오래 지속된다.
《주역》

窮則變 變則通 通則久 궁즉변 변즉통 통즉구

혼자 현지 조사를 떠날 때가 있다. 차에 기름을 채우고, 내비게이션에 길을 정하고. 물론 처음 가보는 길로 들어선다. 장거리는 가는 데만 300킬로미터도 넘는 여정이다. 도로는 언제나 길다. 그런데 그 길은 마치 아프리카 전체를 한 권의 책처럼 펼쳐 놓은 듯하다. 고지대에서 불어오는 차가운 바람이 뺨을 스치면 숨이 하얗게 새어 나온다. 조금 내려가면 녹지대의 풀들이 햇살에 부서지듯 반짝이고, 황톳빛 사바나는 넓은 물결처럼 이어진다. 그 너머에서는 초원 한 자락이 갑자기 나타난다.

그때마다 창문을 조금 내려 바람을 맞는다. 먼지 섞인 바람인데도 묘하게 마음이 편안해진다. 이 풍경들을 지나칠 때면 말로 다 담기 어려울 만큼 마음이 벅차오른다. 가슴이 벅차서 한 번 더 깊게 숨을 들이마시게 된다.

그러면서 문득 생각한다. 언젠가 내가 백발의 할머니가 되어 커피 한 잔을 들고 창가에 기대앉아 인생에서 가장 아름다웠던 장면을 떠올린다면 바로 이 순간이 되겠구나, 하고.

오래된 파란색 차를 몰고 아프리카 한가운데를 조용히 지나는 모습. 그때도 나는 분명 웃고 있겠지. 외로움도, 두려움도 느끼지 않은 채. 귀에 들려오는 건 바람 소리, 풀잎 스치는 소리, 바퀴가 흙먼지를 일으키는 낮은 울림

뿐. 그리고 마음 깊은 곳에서 하나의 확신이 올라온다.

‘아, 이 길을 걷는 삶이 참 좋구나.’

그 짧은 순간들이 내 인생에서 가장 선명하게 행복한 시간이란 걸 나는 안다. 그날도 그랬다. 해가 기울며 하늘이 시시각각 변하던 때, 잠시 차를 세우고 쉬고 있는데 먼지 속에서 소 떼와 염소 떼가 천천히 걸어왔다. 목동 아이 하나가 나를 보며 환하게 웃었고, 나도 손을 흔들었다. 소들은 멈추지 않고 걸음을 이어갔다. 그 느린 발걸음이 내 마음속 행복을 다시 한번 톡톡 건드리는 것 같았다. 그렇지. 행복은 이렇게, 먼지가 날리는 길 위에서도 온다. 소 몇 마리가 지나가는 그 짧은 순간에도 행복은 얼굴을 들이민다.

다시 시동을 걸었다. 저녁 바람이 창문으로 들어오며 볼을 스쳤다. 그러면서 마치 조용히 속삭이듯 말했다.

“계속 가. 네 길을.”

나는 웃으며 액셀을 밟았다. 앞으로 또 얼마나 많은 소 떼와 염소 떼가 내 앞을 지나갈까. 그 생각만으로도 가슴이 다시 따뜻해졌다.

군자는 자기 처지에 맞게 행하며,
자기 밖의 것을 바라지 않는다.
《중용》

-

君子素其位而行 不願乎其外 군자소기위이행 불원호기외

나이로비 시내에서 동쪽, 카사라니에 우리 사무실이 있었다. 슬럼가 안 깊숙이 사무실을 둘 수는 없었다. 단도라와 고로고초는 늘 긴장이 감도는 곳이었고, 차를 타고 들어가면 사람들이 순식간에 몰려와 문을 두드리거나 거울을 떼어 가곤 했다. 그곳은 누군가에게는 평생의 집터였지만, 우리에게는 늘 조심해야 하는 땅이었다.

우리가 돌보던 아이는 모두 40명. 하나같이 중증 장애를 안고 태어났고, 슬럼가 안에서도 가장 가난한 집 아이들이었다. 처음엔 '케냐의 모든 아이를 구하고 싶다'라는 거창한 꿈이 가슴을 채웠지만, 내미는 수많은 손을 한꺼번에 잡을 수는 없다는 걸 나는 알고 있었다. 다만, 내 자리에서 손을 잡아줄 수 있는 사람들에게 마음을 모아야 한다는 걸 알고 있었다. 그래서 우리는 40명을 위해 마음을 모았다.

그 마음은 화려하지 않았다. 그저 어두운 방에 들어가 촛불 하나 켜듯, 아이와 눈을 맞추고 이름을 불러주고, 엄마들에게 배운 것을 조금씩 전하고, 아이가 손끝 하나라도 펴는 모습을 끝까지 지켜보는 게 전부였다. 엄마들은 매주 먼 길을 걸어왔다. 비 오는 날엔 진흙 발로, 건기엔 먼지 발로, 아이를 안고 업고 손잡고 왔다. 우린 함께 울다가도 다음 주엔 더 잘해보자며 서로를 다독였다.

그렇게 여섯 해가 흘렀다. 아이들은 아주 천천히, 그러나 확실히 달라졌다. 손가락이 펴지고, 고개가 들리고, 숨이 고르게 쉬어지고…. 어떤 아이는 처음으로 한 걸음을 뗐다. 그 작은 움직임 하나하나가 누군가의 인생을 다시 붙잡아주는 힘이 되었다.

사업을 끝내는 날, 가슴 한쪽엔 아쉬움이 무겁게 남았다. 더 많은 아이를 품지 못했다는 미안함, 아직 그곳에 남아 있는 수많은 얼굴. 하지만 다른 한쪽엔 조용한 확신이 자리 잡았다. 천천히, 그러나 멈추지 않고 누군가에게 빛을 건네는 일이 얼마나 깊고 오래가는 기쁨인지.

아프리카에서 내가 배운 건 요란한 구호가 아니라, 한 사람의 가슴에 소리 없이 피어나는 작은 불빛이었다.

충忠과 서恕를 벗어나지 않으면
도에서 멀어지지 않는다.
《중용》

-

忠恕違道不遠 충서위도불원

2015년, 케냐 키수무의 뜨거운 햇살 아래서 모든 게 시작되었다. 한 여성 국회의원이 조용히 물었다.

"아이들을 위해 함께해줄 수 있나요?"

그 한마디로 인해 케냐에서의 국제개발과 복지사업 방향이 새롭게 설정되었다. 그동안 수도권인 나이로비를 중심으로 하던 사업이 케냐 제3의 도시인 키수무로 확장되었다. 3년간의 사업은 마침내 아동 결연사업과 장애 아동을 위한 코이카 사업으로 이어졌다. 키수무 사업 개소식에는 한국 대사님과 주요 인사들 그리고 긴장한 아이들이 함께 자리했다. 아이들은 새로 받은 교복을 입고, 발가락까지 깨끗이 닦은 신발을 신고 있었다. 그 작은 발 끝을 보는데, 눈물이 핑 돌았다.

'아, 이건 그냥 돈 주는 일이 아니구나.'

진짜 배움을 기다리는 마음이 거기 있었다.

우리가 한 일은 간단했다. 가난해서 학교 문턱에도 못 가는 아이들에게 학비와 연필, 공책을 대주고 다시 교실 문을 열어주는 것. 1년에 1,200명. 처음엔 숫자였던 아이들이 조금씩 이름을 얻었다.

"선생님, 제 이름 써주세요!"

그 떨리던 목소리가 내 귀에 아직도 맴돈다. 점심시간이었다. 한 남자아이가 받은 빵을 뚝 잘라 아직 학교에 못 오는 동생 몫으로 챙겼다. 빵 한 조각. 그런데 그 조각이 내게 세상에서 가장 큰 배움을 주었다. 진짜 배운 사람은 가진 걸 나누는 사람이라는 교훈.

 그 작은 시작이 지금은 특수학급을 짓고, 장애 아이들 가족을 돕고, 마을 전체가 "장애도 괜찮아"라고 말하는 움직임으로 커졌다. 한 사람의 작은 부탁이 수천 명의 내일을 바꿨다.

어진 사람은 활 쏘는 사람과 같다.
활을 쏘는 이는 먼저 자신을 바르게 세운 뒤 쏜다.
《맹자》

仁者如射 射者正己而後發 인자여사 사자정기이후발

케냐 북서쪽, 키탈레라는 작은 소도시로 조사하러 가던 날이었다. 새벽 경비행기를 타고 떠났는데, 하늘이 서서히 밝아오면서 창밖으로 보이는 리프트 밸리의 산등성이가 선처럼 펼쳐져 있었다. 착륙하자 차가운 아침 공기가 얼굴을 스쳤다. 그 바람 속에는 먼지와 풀

냄새, 그리고 어디선가 피어오르는 장작 연기가 옅게 섞여 있었다. 시내 중심가에 들어서니, 사람들도 도시도 깨어나고 있었다. 지금은 햇살이 약하지만, 곧 뜨겁게 달아오를 기세였다.

배가 고파 이른 아침에 좌판을 연 사람을 찾았다. 바나나 송이에서 네 개만 뜯어 달라고 했다. 나이로비 기준으로 계산하며 아무 생각 없이 100실링 지폐를 내밀었다. 아주머니가 거슬러준 돈은 60실링이 아니라 20실링이었다.

"마마, …하나에 10실링 아니에요?"

내가 이렇게 묻자 마마는 고개도 들지 않은 채 아주 담담하게 말했다.

"아니요, 20실링이에요."

'그럼 그냥 안 살게요'라는 말이 입안에서 맴도는 순간, 아주머니의 시선이 내 손에 닿았다. 나는 이미 바나나 하나를 한입 베어 물고 있었다.

"이미 먹었잖아요."

무엇인가 사기당한 것 같은 억울함이 목 끝까지 치밀어 올랐다. 그러나 마음을 가다듬고 천천히 생각하니, 잘

못은 온전히 내 쪽에 있었다. 나는 바나나 값을 묻지 않았던 것이다. '나이로비에서는 이 정도니까'라는 나만의 잣대로 이곳을 판단했다. 외지인이자 외국인인 내가 먼저 "네 개 주세요"라고 했고, 마마는 그저 자신이 살아온 방식대로 값을 정했을 뿐이었다. 20실링을 받아 들고 좌판을 떠나는 순간, 아주머니의 눈빛이 나를 따랐다. 그 눈빛은 화난 것도, 비웃는 것도 아니었다. 아침 볕 아래 오랫동안 그 자리를 지켜온 사람이 가진 단단함이었다.

그날의 장면이 시간이 지나도 자꾸 떠오른다. 타지에서 사는 사람들이 흔히 겪는 비슷한 경험을 들을 때마다 더 선명하게. 우리가 아프리카에서 처음 마주치는 많은 당혹스러움은 사실 우리 안의 오래된 선입견과 무지에서 비롯된 경우가 많다.

그날 배운 것은 생각보다 단순했다. 과일 좌판 아주머니의 잘못을 말하기 전에 내가 먼저 "얼마예요?"라고 묻지 않았다는 것. 그 사실을 알아차리고 나니, 바나나 네 개가 그날의 가장 훌륭한 선생님이 되어 있었다. 키탈레의 아침 햇살처럼 따끔하지만 단단한 선생님.

진심을 다하는 진정한 성실함은 결코 멈추지 않는다.
멈추지 않고 계속하면 오래 지속되고,
오래 지속되면 진짜 효과가 나타나고,
그 효과가 보이면 점점 더 깊고 멀리 퍼지게 되며,
그렇게 깊고 멀어지면
세상을 넓고 든든하게 품을 수 있게 되고,
결국엔 높고 밝은 경지에 이르게 된다.
《중용》

至誠無息. 不息則久 久則徵 徵則悠遠 悠遠則博厚 博厚則高明
지성무식 불식즉구 구즉징 징즉유원 유원즉박후 박후즉고명

케냐 사람들이 한국 사람에게 자주 건네는 말이 있다.

"Pole pole sana."

천천히, 아주 천천히 하라는 뜻이다. 이 말을 처음 들으면 '빨리빨리'처럼 가볍고 귀엽게 느껴져 웃음이 난다. 나도 그랬다. 그러다 어느새 그 말이 몸에 배어 떨어지지 않게 되었다. 여러 나라를 오가며 살아온 탓에 내 안에는 층층이 쌓여 있는 시간이 있다. 케냐의 느긋한 오후, 한국의 촘촘한 아침, 뉴욕의 분초를 세는 숨결, 인도의 느리지만 끝없는 분주함까지. 덕분에 시간에 대한 탄력성이 제법 생겼다고 믿는다.

어느 나라에 가도 그곳 속도에 몸이 스르륵 적응한다. 컴퓨터 시계를 보면 케냐가 기본이고, 그 옆에 한국, 미국, 인도, 말레이시아의 시간이 줄지어 있다. 메시지를 보내기 전에 "이 친구는 지금 몇 시에 살고 있지?" 하고 확인하는 게 습관이 되었다.

사실 '좋아하는 시간 속도' 같은 건 없다. 시간을 선택하는 쪽이 아니라, 몸으로 받아들이는 타입이다. 굳이 꼽자면 내 몸이 견디는 속도가 가장 좋다. 에너지가 떨어졌는데 주변이 너무 빠르면 금세 지치고, 내가 움직이고 싶은데 주변이 느리면 답답해 미칠 것 같다. 그래서 나라에 따르는 시간의 속도가 아니라, 몸과 마음이 '아, 이 정도면 괜찮아' 하고 숨 쉬는 리듬을 좇는다.

어느 날 나이로비에서 한국 친구와 통화하다가 이런 말을 했다.

"난 지금 pole pole 모드인데, 너는 빨리빨리 모드라 통화가 잘 안 맞네."

그러자 친구가 웃으며 말했다.

"너 케냐 사람, 다 됐나 봐."

그 말에 잠시 생각했다. 나는 케냐 사람도 아니고 한국 사람도 아니고, 그냥 '김해영 속도'로 사는 사람인가. 결국, 시간의 속도는 나라가 정하는 게 아니라 내가 정하는 거라는 사실이다. 내 몸이 편한 속도가 진짜 시간의 속도다. 당신도 가끔 "Pole pole sana"라고 속으로 중얼거려 보라. 몸이 고맙다고 할지도 모른다.

⑳ 나라별 시간의 고무줄

> 저울로 달아본 뒤에야 가벼움과 무거움을 알고,
> 자로 재어본 뒤에야 길고 짧음을 안다.
> 《맹자》
>
> —
> 權然後知輕重 度然後知長短 권연후지경중 탁연후지장단

내 시간 감각을 설명하려면 고무줄 하나면 충분하다. 한국에서는 그걸 끝까지 잡아당긴 상태로 산다. 팽팽해서 끊어질 것 같은 느낌. 모두가 그렇게 달려가니까, 나도 모르게 따라간다. 보츠와나에서는 그냥 놓아둔다. 늘어지면 늘어지는 대로.

시간이 아니라 햇살과 바람이 나를 이끈다. 일본에서 지내던 시절은 살짝 긴장감을 느끼도록 당겨 놓는 정도. 겉으로는 여유로워 보이지만, 속에 미세한 긴장이 스며든다.

뉴욕 유학 시절은 그보다 조금 더 세게 당겼다. 사람들은 인사하자마자 본론으로 들어간다. 짧고, 빠르고, 정확하다. 나도 그 리듬에 맞추느라 고무줄이 가볍게 떨렸다.

케냐는 좀 복잡하다. 겉으로는 어떻게 시간이란 고무줄을 쥐어야 할지 감이 안 온다. 사람들의 말은 인사를 시작하고 나서 가족 이야기, 개 이야기, 숙모네 농사 이야기까지 이어진다. 그런데 그렇게 정신 놓고 있다가는 큰일 난다. 그러지 않으려고 내 안의 시간 고무줄을 적당히 느슨하게 잡는다. 늘어져도, 모양 잡혀도 좋게끔.

이게 아프리카에서 배운 시간의 맛이다. 나라마다 시간 고무줄을 바꾸는 게 아니라, 그 땅에 발 디디면 몸이 알아서 장력을 조절한다. 케냐 공항에 내리면 스르륵 풀리고, 인천공항에 도착하면 팽팽하게 당겨진다.

나는 지구 어디서든 시간 고무줄을 들고 산다. 자연스

럽게 늘이고, 당기고, 놓아주는 법을 배웠다. 그게 그 나라 그 문화의 흐름에 섞여 사는 방식이니까. 당신도 언젠간 느낄 것이다. 시간을 재는 이 고무줄의 자유로움을.

아는 것은 안다고 하고,
모르는 것은 모른다고 하는 것,
그것이 참된 앎이다.
《논어》

知之爲知之 不知爲不知 是知也 지지위지지 부지위부지 시지야

아프리카를 한 단어로 표현해보라고 하면, 나는 망설임 없이 "예측불가"라고 말한다. 나이로비 거리를 걷다 보면 커다란 광고판에 이런 말이 붙어 있다. 'APA Insurance' 그대로 해석하면 '아파 보험'이다. 처

음 이 문구를 봤을 때 나도 모르게 웃음이 나왔다. 그런데 여기선 그 이름이 제격이다. 몸이 아플 걸 대비해 보험을 드는 거니까.

시골로 내려가면 더 흥미롭다. 읍내쯤 되는 마을 어귀에 양철을 덕지덕지 붙인 집들이 늘어 서 있다. 문 위엔 큼직한 간판이 붙어 있다. '○○ Hotel' 호텔이라고? 처음엔 배를 잡고 웃었다. 들어가 보니 지붕과 벽, 달랑 낡은 침대 하나. 그게 호텔이다. 마을 깊숙이 들어가면 '에베레스트 술집'도 나온다. 에베레스트는커녕 언덕 하나 없는 평지인데도.

여기선 상식이 참고사항일 뿐이다. 규칙은 대충 지켜도 된다. 분홍색 양복을 빳빳하게 차려입은 아저씨가 채소 가게에서 양파 두 알과 토마토 세 알만 사서 비닐봉지에 담아 가는 모습. 고속도로 옆을 낙타가 유유히 걸어가고, 길가에서 염소들이 줄지어 풀을 뜯는 풍경. 이 모든 게 일상에 지친 사람에게는 상상력을 자극하는 마중물이 된다.

반대로, 예측불가로 계획이 틀어지는 걸 싫어하는 사람

도 있다. 그런 친구들이 하소연하면 나는 이렇게 말한다.

"그럼 사파리만 구경하고 가세요."

아프리카는 예측이 안 되니까 더 신난다. 시간도, 사람도, 날씨도, 심지어 내일 아침 메뉴까지. 그래서 누군가에겐 평생 잊지 못할 스릴이 되고, 누군가에겐 "다시는 안와"가 된다. 나는 전자를 택했다. 이 예측불가한 대륙이 내게 주는 가장 큰 선물이다. 매일 아침 눈뜰 때마다 "오늘은 또 무슨 일이 일어날까?" 하는 그 설렘이 내 창작의 산소이자 삶을 맛깔나게 한다.

지극한 성실함의 도는 미리 알 수 있다.

《중용》

–

至誠之道 可以前知 지성지도 가이전지

아프리카와 한국을 오가며 일하다 보니 나만의 독특한 관점이 생긴다. 그중의 하나로 나에게 나라마다 다른 안테나를 켜는 버릇이 생겼다. 인천공항에 도착하면 그 안테나가 스르륵 접히는 기분이다. 여기선 필요가 없으니까. 몸이 먼저 알아서 꺼버린다.

반대로 나이로비 공항에 비행기 바퀴가 닿는 순간이

면 안테나가 쫑긋 솟아오른다. 케냐 유심으로 갈아 끼운 듯한 느낌. 자연스럽게 생존 모드에 들어간다. 아프리카에서 산다는 건, 매일 작은 몸부림으로 이어지는 일이다. 이곳에서 오래 살다 보니 이제는 저절로 이곳에 맞는 안테나로 전환된다.

두 번의 권총 강도, 거의 죽을 뻔한 말라리아 한 번, 그밖에도 셀 수 없이 많은 위기. 그때마다 이 안테나가 나를 끌어 올렸다. 그래서 현지 동료들에게 이상한 결정을 내릴 때면 이렇게 말한다.

"지금은 설명이 안 되지만, 일단 믿어줘."

그렇게 말보다 감각이 앞설 때가 있다.

가장 생생한 건 지인 한 사람이 갑자기 "차 좀 빌려주세요. 기사하고 같이요" 하고 요청해온 일이다. 그 순간 안테나가 번쩍였다.

"차와 기사를 보낼게요. 저도 같이 가는 조건으로요."

너무나 급한 요청이어서인지 마음이 안 놓여서였다. 일은 밤 11시가 넘도록 이어졌고, 집으로 돌아오는 길, 나이로비 시내 한가운데의 고속도로를 달리다가 우리는 동시에 소리쳤다.

"Stop!"

기사가 브레이크를 밟고 선 순간, 우리 차 앞 1미터도 안 되는 곳에 대형 트럭이 서 있었다. 어둠 속에 헤드라이트를 끈 채 멈춰 선 트럭. 우린 동시에 서로를 쳐다보면서 가슴을 쓸어내렸다. 모두 차에 깔려 죽을뻔한 장면이 뒤로 스쳐 지나갔다. 아프리카의 밤은 깊고, 길은 언제나 예측을 비웃는다. 그래서 여기선 눈으로 보는 것보다 몸이 먼저 아는 게 있다. 그게 나를 여기까지 데려왔다. 앞으로도 그럴 것이다.

당신도 언젠가 낯선 곳에 있게 되면, 몸이 먼저 말할 때가 있을 테다. 그때는 설명하려 애쓰지 말고, 그냥 몸이 시키는 대로 따라가 보라. 결국, 그런 순간들이 쌓여 살아남게 되는 거니까.

마사이, 마마 그리고 마타투의 냄새

국경을 넘으면 금지된 것을 묻고,
나라에 들어가면 풍속을 묻고,
남의 집에 들어가면 금기시하는 말을 물어라.

《예기》

—

入竟而問禁 入國而問俗 入門而問諱 입경이문금 입국이문속 입문이문휘

켜냐에 오면 입에 먼저 붙는 단어가 세 개 있다. '마사이'는 붉은 천을 두르고 창을 쥔, 이 땅을 지켜온 전사들. '마마'는 길에서 만나는 모든 어른 여성을 부르는 말. 할머니든 엄마든 동네 아줌마든 다 마마다. 이

나라가 아직 건재한 건 이 마마들 덕분이다. 그리고 '마타투'는 마사이도 타고 마마도 타는, 케냐의 숨통 같은 대중교통 버스를 말한다.

처음 몇 해 동안 나는 단 한 번도 마타투를 타지 않았다. "외국인은 절대 타면 안 돼", "위험해." 모두가 그렇게 말했으니까. 나도 겁이 났다. 그러다 코로나가 지나가고 다시 돌아온 나이로비에서야 보다보다(오토바이 택시)도 타고 마타투도 타기 시작했다. 돌이켜보니, 사람들이 겁을 주니까 나도 괜히 움츠러들었던 거였다.

마타투 차비는 날씨, 시간, 기사님 기분 따라 천차만별이다. 현지 사람들은 귀신같이 알고 제값을 내민다. 나는 늘 '외국인 가격'을 물었다. 그러다 같은 노선을 몇 번 타던 어느 날부터 기사님들도 나를 알아보고 슬쩍 제값만 받기 시작했다. 말 한마디 없이. 실랑이도 없이. 아, 드디어 '현지인 인증'을 받았다.

다행이다. 무엇인가 뿌듯함이 느껴졌다. 마타투 안 스피커에서 쿵쾅대는 비트도 이젠 익숙하고, 단거리면 보다보다를 타고 뒤에서 바람을 맞는 것도 좋다. 보다보다는 역주행은 기본이고, 아슬아슬하게 끼어드는 게 일상인데, 요즘은 심장이 덜컥 내려앉는 일도 거의 없다. 어느 날 둘러보니 우리 동네에서 볼 수 있는 얼굴들, 알아들을 수 있는 소리, 바람에 섞여 코끝을 스치는 그 마타투 냄새까지, 이제 낯설지 않다.

아, 드디어 여기 사람이 되었구나. 마치 오래전부터 이곳에 살았던 사람처럼 마타투가 덜컹거릴 때마다 몸이 먼저 반응하고, 마마들이 웃으며 "하바리 가니(오늘 어때)?" 하고 물으면 나도 모르게 "은즈리 사나(좋아)" 하고 대답하는, 그런 사람이 되어 있었다.

유익한 친구는 세 종류가 있다.
곧은 친구, 성실한 친구, 많이 아는 친구다.
해로운 친구도 세 종류가 있다.
아첨하는 친구, 선량한 척하는 친구,
말 잘하는 친구.
《논어》

—

益者三友 損者三友 友直 友諒 友多聞 益矣 友便辟 友善柔 友便佞 損矣
익자삼우 손자삼우 우직 우량 우다문 익의 우편벽 우선유 우편녕 손의

며칠 전, 초등학생 조카가 집에 놀러 왔다. 심심해 보이는 눈빛을 보다가 문득 "그림을 그려 오면 내가 사줄게"라고 말했다. 그러자 아이는 정말로 열심히

그림을 그려서 가져왔다. 하트가 가득하고 무지개처럼 알록달록한 색이 칠해진 'I love you' 그림이었다.

"이게 고모를 사랑한다는 뜻이야?"

"응."

그 순간 이미 마음이 스르륵 녹아내렸다. 그림값으로 1,000실링을 건네주고, 함께 생성형 AI로 움직이는 그림도 만들어 보며 한참 웃었다. 그 시간이 참 따뜻했다. 그로부터 며칠이 지나지 않아 아파트에 사는 아이들이 우리 집 3층까지 찾아왔다. 내 키만 한 초등학생들. 조금 머뭇거리다 자신들이 그려 온 그림을 내밀었다. 200실링, 100실링, 50실링… 각자 값을 매겨서. 하나하나 찬찬히 들여다본 뒤 나는 조용히 말했다.

"음… 오늘은 사고 싶은 게 없네. 미안."

아이들이 돌아간 뒤 문득 이런 생각이 스쳤다. 조카에게는 1,000실링을 웃으며 주고, 동네 아이들에게는 이렇게 선을 그을 수 있구나.

나는 무조건 사람들 앞에서 관대해지는 사람이 아니다. 이 아파트 단지에 외국인은 우리뿐이고, 문을 열면 요청이 이어지고 기대가 쌓이는 흐름을 잘 안다. 아프리카에서 오래 산 사람은 마음의 문을 열 타이밍을 안다. 열면 안 되는 순간도 안다.

그래서 그 아이들이라고 무조건 동정심을 보이며 문을 열어주지 않았다. 그렇다고 나는 매정한 사람도 아니다. 그저 내가 지켜도 괜찮은 관계인지, 열면 위험해질 수 있는 관계인지 경험으로 아는 사람일 뿐이다. 그 방식은 아프리카에서 오랫동안 살아온 나만의 지혜의 결이다.

가끔 그 결이 조금 외로워 보일 때도 있지만, 그게 나를 지키고, 진짜 소중한 사람들을 더 깊이 사랑할 수 있게 해준다는 걸 안다. 선택해서 주는 마음이야말로 오래도록 줄 수 있는 마음이기 때문이다.

공경하지 않음이 없게 하고,
몸가짐은 엄숙히 생각하는 듯하며,
말은 편안하고 안정되게 하라.
《예기》

毋不敬 儼若思 安定辭 **무불경 엄약사 안정사**

현지 조사하러 나가다 보면 엘도렛과 키탈레를 지나 포콧 쪽으로 길이 쭉 펼쳐진다. 차창 밖으로 한 줄, 두 줄, 열 줄…. 끝없이 이어지는 아이들의 무리가 보인다. 아직 해가 뜨려면 멀었는데, 그들의 얼굴은 벌써

하루를 반쯤 살아낸 표정이다.

케냐를 떠올리면 달리기가, 달리기를 떠올리면 케냐가 보인다. 이제는 너무나 당연한 공식이 되었다. 높은 고도, 강한 심폐, 날렵한 몸, 그리고 무엇보다 '달려야만 하는 삶'이 만들어낸 힘. 세계는 이곳을 '마라토너의 나라'라고 부른다.

엘리우드 킵초게라는 이름은 이미 지구 반대편 아이들 입에서도 오르내린다. 그의 기록은 역사책에 올려지고, 그의 얼굴은 금메달보다 더 단단히 빛난다. 그런데 킵초게 뒤에는 누구도 알지 못하는 수천 명이 줄지어 있다.

이텐의 흙길, 엘도렛의 새벽을 매일같이 밟고, 넘어지고, 다시 일어나 달리는 아이들. 이름 한 줄 남기지 못하고 조용히 사라질지도 모르는 수많은 발자국. 나는 어떤가. 1년에 한 번, 그것도 '오늘은 좀 달려볼까' 하고 마음 단단히 먹은 날에야 겨우 50미터를 뛴다. 다음과 같은 과정을 거쳐 나는 그 마음을 먹는다.

시작 전 : "할 수 있다!"

도중 : "왜 시작했지⋯."

끝난 뒤 : "살았다."

　이처럼 나에겐 거의 기적에 가까운 운동량이다. 그래서 그들을 볼 때마다 가슴이 저린다. 저 정도면 나는 그냥 멀리서 손뼉만 치면 되는구나. 그렇게 조용히 나 자신을 다독이면서.

4부

나이로비에서 경험하는 일상

멈출 줄 아는 것을 알아야
비로소 마음이 정해진다.
《대학》

—

知止而後有定 지지이후유정

나이로비 시내는 늘 사람 냄새가 진동한다. 손님들이 오면 나는 늘 그들을 데리고 시청 앞을 지나고, 국제무역센터를 스쳐 지나가고, 국회의사당과 대법원을 거치며 다녔다. 그때는 아직 이 도시를 몸으로 익히고 있던 때였다. 발바닥이 먼저 길을 기억하고, 햇빛이 먼저 내 피부를 기억하던 시절.

그날도 혼자 걷고 있었다. 이미 10년도 더 된 이야기인데, 아직도 기억이 생생하다. 햇빛은 뙤약볕이었고, 바람은 먼지를 끌어안고 다니는 바람이었다. 그때 스무 살 중반쯤 되어 보이는 키 큰 청년 하나가 옆으로 다가왔다. 나를 향해 걸어오더니, 자연스럽게 말을 걸었다. 대화는 별 탈 없이 이어졌다. 활기찬 눈빛, 밝은 미소. 우리는 아주 잠깐, 나이로비 길 위를 나란히 걸었다. 그러다 갑자기 그 아이가 얼굴을 심각하게 굳히더니, 나를 똑바로 바라보며 말했다.

"나랑 사귀자."

여자친구가 되어달라는 거였다. 순간 내 머릿속에 딱 한마디가 떠올랐다.

'흐미…'

아프리카에서 좀 살아본 사람이라면 이게 얼마나 흔한 일인지 안다. 외국인 여자는 케냐 청년들에게 가끔 꿈이기도 하고, 가끔 환상이기도 하고, 가끔은 용기를 내야 하는 대상이기도 하다. 터무니없는 일이지만, 아주 잠깐 웃음이 나왔다. 기분도 살짝 좋았다. 나도 사람인지라, 누군가가 이렇게 직설적으로 다가오는 순간이 낯설면서도 생동감을 준다. 그 뒤로 나는 가끔 친구들에게 농담하곤 했다.

"나 케냐 청년들에게 작업당하는 사람인가 봐."

그런 농담을 할 수 있는 것은 그날의 황당함 때문이기도 하고, 나이로비가 내게 준 선물 때문이기도 하다. 나이로비는 늘 사람으로 가득 차 있다. 그 사람들의 삶 속에 이 도시에서만 만날 수 있는 기묘한 친절과 유머와 뜻밖의 순간들이 숨어 있다. 그날 그 청년과 함께 걸었던 짧은 거리도 나이로비가 내게 건넨 멋쩍고도 따뜻한 엽서 한 장 같은 기억으로 남아 있다. 지금도 가끔 그 길을 지날 때 똑같이 햇빛이 쏟아지고 똑같이 바람이 먼지를 끌어안고 다니는 걸 보면, 피식 웃음이 나온다. 그리고 속으로 중얼거린다.

"아, 나이로비구나."

37

심장이 바닥으로 떨어지던 날

어진 사람은 적이 없다.
(인을 행하는 자는 세상에 대적할 자가 없다는 뜻이다.)
《맹자》

仁者無敵 인자무적

지금은 아파트에서 살지만, 한때는 나이로비의 3층 짜리 주택에서 살았었다. 문과 창문이 많아 철문에 자물쇠를 여러 개 채워야 안심이 되는 그런 곳. 이 도시에서는 익숙한 일상이다. 그날도 모두가 외출했다가 늦은 오후에 돌아왔다. 경비실을 지나 커다란 철문을 열고 들어서자마자 숨이 턱 막혔다. 현관문이 살짝 열려 있었고, 부엌문이며 집 안 모든 문이 활짝 열린 채였다. 심장이 툭 떨어지는 기분이었다.

"드디어… 그분들이 왔구나."

나이로비에서는 늘 마음 한구석에 불안이 스며들어 있다. 철문을 아무리 단단히 잠궈도 밤마다 먼지와 소음이 새어 들어오는 이곳에서 조심스러움은 습관이 된다. 케냐는 아프리카 치안 순위에서 높은 편이지만, 그날 나는 너무 놀라 제대로 숨을 쉬기 힘들었다. 함께 사는 청년들과 식구들이 긴장된 얼굴로 나를 쳐다봤다. 집주인인 내가 앞장서야 했지만, 온몸이 굳어버린 듯했다. 우리는 손에 막대기나 작은 도구를 쥔 채 천천히 집 안으로 들어갔다.

1층부터 시작해서 2층, 3층까지. 방마다 문을 열고 옷장 뒤, 소파 아래를 샅샅이 훑었다. 숨을 죽인 채 마음을 졸이면서 마침내 모든 방을 확인했다. 아무도 없었다. 모두가 안도의 한숨을 내쉬던 그때, 마지막으로 나간 청년 하나가 조용히 말했다.

"아… 제가 문을 안 잠갔네요."

우리는 서로의 안에서 두려움을 볼 수 있었다. 그 두려움은 우리 스스로 만든 그림자였다. 나이로비에서 쌓아온 불안이 상상으로 부풀어 현실을 뒤집어버린 순간이었다. 두려움은 종종 우리 마음속에서 먼저 피어났고, 함께 사는 이들과 그 불안을 나누는 순간 우리는 서로를 지키는 작은 울타리가 되었다. 긴장과 허무가 섞인 그 여운 속에서 이 도시의 또 다른 얼굴이 마음속에 새겨졌다.

38

"넌 그래도 살아 있잖아"

공자가 말씀하시길
아침에 도道를 들었다면,
저녁에 죽어도 좋다.
《논어》

-

子曰 朝聞道 夕死可矣 자왈 조문도 석사가의

처음 케냐에 도착한 지 며칠 되지 않았을 때였다. 감기가 심하게 걸려 임시로 머물던 숙소에서 꼬박 며칠을 누워만 있었다. 밥 한술 제대로 넘기기 힘들었다. 시차 때문에 밤낮이 뒤바뀌었고, 처음 와 본 나라라서 몸도 마음도 다 지쳐 무너져 내린 탓이었다.

겨우 몸을 일으켜 부엌 쪽으로 걸어가는데, 케냐인 아주머니 한 분이 나를 보더니 상황을 한눈에 알아채셨다. 그분은 아무 말 없이 김치통을 열곤 김칫국물 한 숟가락을 떠서 내 앞에 놓아주셨다.

"아…."

그 한입의 김칫국물이 내 정신을 번쩍 들게 했다. 혀끝에서 퍼지는 매운맛이 온몸을 흔들어 깨웠다. 그제야 눈에 들어온 건 부엌 식탁 의자에 끈으로 몸이 묶인 채 앉아 있는 아이였다. 중증장애를 가진 아이. 아주머니는 눈짓으로 '내 아들이야'라고 알려주셨다. 직장을 구하기도 어렵고, 이 아이를 돌보며 살아가느라 여기까지 왔다는 말씀을 조용히 하셨다.

나도 모르게 나도 내 이야기를 조금 털어놓았다.

"저도… 딸로 태어났다는 이유로 아버지한테 바닥에 내동댕이쳐져서 평생 이런 아픔을 안고 살아요."

아주머니는 끝까지 말없이 내 말을 들어주시더니 아주 담담하게, 그러나 또렷하게 한마디 하셨다.

"넌… 그래도 이렇게 살아 있잖아."

그 말이 가볍게, 그러나 내 뼛속까지 스며들었다.

맞다. 나는 살아 있었다. 그때 죽을 수도 있었고, 이 아이처럼 몸이 부서진 채 평생을 보낼 수도 있었을 텐데…, 나는 이렇게 숨 쉬며 케냐 땅까지 와 있었다. 순간 속이 확 풀렸다. 며칠째 앓던 감기, 몸에 남은 옛 상처, 낯선 나라에서 느꼈던 허둥거림이 그 한마디에 스르륵 녹아내렸다. 새로운 나라에서 처음 받은 위로는 김칫국물 한 숟가락과 "넌 살아 있잖아"라는 그 말이었다.

그 뒤로도 그 말이 자주 떠오른다. 힘들 때, 아프다고 투덜거려질 때, 그 담담한 목소리가 귓가를 맴돈다.

그래. 나는 아직, 여기, 살아 있다.

그걸로 충분하다.

멀리 가는 길은 가까운 데서부터 시작되고,
높은 곳에 오르는 일도 낮은 곳에서부터 시작된다.
(큰일도 작은 한 걸음에서 시작되듯, 삶에서 벌어지는
난처한 순간들도 침착하게 한 걸음씩 건너가면
결국 지나간다는 뜻이다.)
《중용》

君子之道 譬如行遠必自邇 譬如登高必自卑
군자지도 비여행원필자이 비여등고필자비

혼자 장거리 운전을 할 때면 참으로 넓고 아름다운 길들을 만난다. 끝없이 이어지는 사바나, 키 큰 아카시아, 멀리서 은빛처럼 빛나는 호수. 그런데 이 모든 풍경을 단번에 이기는 문제가 있다. 바로 화장실 문제다.

한번은 정말 급했다. 배는 이미 꼬일 만큼 꼬였고, 아무리 주변을 둘러봐도 몸을 숨길만 한 덤불 하나 제대로 보이지 않았다. "저기다!" 싶어서 차를 세우려는 순간, 어디선가 사람이 나타난다. 어떤 날은 할머니 한 분, 어떤 날은 맨발로 뛰는 아이들이. 아프리카의 길은 멀리서 보면 텅 빈 것 같지만, 가까이 가면 늘 누군가의 삶이 조용히 숨어 있다. 그래서 몇 번의 기회를 놓치고, 작은 마을도 지나치고, 도시 냄새가 슬슬 풍기는 곳에 도착할 때까지 마땅한 곳을 찾지 못했다.

결국, 선택지는 하나였다. 양철로 만든 오지 한복판의 간이 화장실. 문을 잡고 조심스레 닫으려는데, 그 문이라는 게… 마음만 먹으면 바람도 열 수 있는 수준이었다. 결국, 쾅—! 하고 순간 열리면서 저 멀리 사람들이 그대로 보였다. 마사이 아저씨들, 염소 몇 마리, 호기심 가득한 아이들까지. 그때 떠오른 생각은 단 하나였다.

'침착하게. 천천히. 당당하게.'

그래서 나는 정말로 그 생각대로 했다. 마치 아무 일도 아닌 듯 하늘도 한 번 올려다보고, 머리카락도 살짝 넘기고, 여행 온 배우처럼 느릿하게 움직였다. 끝나고 나서는 문을 붙잡고 밖에서 기다리던 사람들에게 가볍게 고개까지 숙였다. '좋은 하루 보내세요'라는 마음으로.

아마 그들은 이렇게 생각했을지도 모르겠다.

'아, 저 아이는 아직 어린가 보네. 혼자 다니면서 문도 제대로 못 잡는 귀여운 아이.'

지금 돌아보면 얼마나 웃기는 일인지. 그날 나는 얼굴은 달아오를 대로 달아오르고, 땅속으로 숨어버리고 싶기까지 했지만, 그래도 그 순간만큼은 스스로를 '연기자'라고 믿었다. 아프리카에서 살며 배운 생존 기술 중 하나는 바로 이런 것이다. 당황스러운 순간이 닥쳐도 조급해하지 않고, 천천히, 그리고 마지막엔 미소로 정리하는 것. 그러면 황당함도 이야기로 남고, 창피함도 시간이 지나면 웃음이 된다. 그게 결국 삶이 하는 일이다.

지금도 그 양철 문이 쾅! 하고 열리던 소리가 문득문득 떠오른다. 그때마다 나도 모르게 웃음이 튀어나온다.

아프리카는 이렇게 나를 조금씩, 아주 조금씩, 웃기면서도 단단한 사람으로 만들고 있다.

큰 배움의 길은 밝은 덕을 밝히는 데 있으며,
백성을 친하게 하는 데 있으며,
지극한 선에 머무는 데 있다.
《대학》

-

大學之道 在明明德 在親民 在止於至善
대학지도 재명명덕 재친민 재지어지선

어느 날 지방에 갔다가 아주 작은 카멜레온 한 마리를 나이로비 집으로 데리고 왔다. 내 손가락 길이만 한 몸, 조심스럽게 뻗는 네 발, 그리고 세상을 천천히 훑는 둥근 눈. 나는 그 아이에게 이름을 붙여줬다. 리언이라고.

그날부터 일상이 조금씩 달라졌다. 커피 물을 올리기 전, 가장 먼저 하는 일은 리언을 찾는 일이었다. 화분 뒤, 책상 아래, 소파 틈새, 커튼 끝자락…. 리언이 보이지 않으면 가슴이 철렁 내려앉았고, 우연히 마주치면 오래전 친구를 만난 것같이 반가웠다. 스프레이로 물을 뿌려주면 작은 입을 조심스럽게 열고 물방울을 받아먹었다. 그 모습을 가만히 바라보고 있노라면, 말로 설명하기 어려운 감정이 살포시 올라왔다. 그러다 어느 순간, 마음속에 '사랑'이라는 단어가 조용히 내려앉았다.

그때 문득 알았다. 리언이는 잠시 내 곁에 머물 뿐, 여기가 그의 집은 아니라는 걸. 두 주쯤 지나 정이 막 깊어지던 어느 아침이었다. 나는 리언이를 손가락 위에 올려 원래 살던 곳, 바람이 부드럽게 스치던 곳으로 데려다주었다. 작은 나뭇잎 사이로 햇살이 떨어지는 길이었다. 리언이는 아무 말 없이 천천히 나무줄기를 타고 올라갔다. 잠시 멈춰 나를 바라보는 듯하더니, 곧 나뭇가지 색깔에 스며들듯 사라졌다.

그 순간, 마음 한쪽이 조용히 정리되었다. 사랑은 잡아 두는 게 아니라, 자유롭게 놓아주는 마음이라는 것을. 짧은 만남이었지만 내 하루의 리듬이 조금 더 따뜻해졌다. 리언이는 나를 기억하지 못하겠지만, 나는 오래 기억하게 될 것이다.

며칠 뒤, 놀러 온 둘째 조카가 물었다.

"리언이 어디 갔어?"

내가 말했다.

"고모가 사랑하는 마음이 생겨서 리언이가 살던 곳으로 보내줬단다."

조카는 잠시 생각하더니 고개를 끄덕였다.

"맞아요."

그 한마디가 내 선택이 옳았다는 조용한 확신을 주었다.

흙바닥에서도 웃던 소녀의 꿈

한 그릇 밥, 한 표주박 물, 누추한 골목에 살면서도
사람들은 그 근심을 견디지 못하지만
안회回는 그 즐거움을 바꾸지 않는다.
《논어》

一簞食 一瓢飮 在陋巷 人不堪其憂 回也不改其樂
일단사 일표음 재누항 인불감기우 회야불개기락

벌써 10년도 더 된 이야기다. 케냐 중부, 나쿠루를 지나 한참 더 들어간 시골 마을. 붉은 흙먼지가 길게 일어나는 흙길을 달리다 보면, 어느 순간 길은 차도를 잃고 사람과 염소와 소가 함께 다니는 오솔길이 된다.

그날도 그랬다. 아이들은 맨발로 뛰놀고, 엄마들은 머

리에 물통을 인 채 천천히 집으로 향했다. 해는 아카시아 잎 사이로 지나가고 있었다. 조사하러 들어간 집은 손바닥만 했다. 흙벽에 진흙을 발라 만든 둥근 집. 얇은 양철 지붕은 비가 올 때면 크게 울릴 것 같았다. 허리 높이의 작은 문. 창문 하나 없고, 문틈과 천장의 구멍에서 들어오는 빛이 전부였다.

그 어둠 속에서 한 소녀가 천천히 기어 나왔다. 하반신이 마비된 아이였다. 두 팔로 흙바닥을 밀며 몸을 끌어올리는데, 동작은 느리지만 멈추지 않았다. 열여섯쯤 되어 보였다. 머리는 고르게 땋아 올렸고, 낡은 원피스는 붉은 흙먼지가 스며 있었다. 소녀는 웃고 있었다. 설명할 수 없을 만큼 맑고 큰 웃음. 몸을 움직일 때마다 어깨가 살짝 흔들렸지만, 그 흔들림마저 웃음에 잠길 만큼 밝았다.

조사 기록은 거의 끝나가고 있었다. 그 아이는 언니네 집에 얹혀살며 아침이면 흙바닥을 쓸고, 물을 길어 오고, 빨래를 돕는다고 했다. 나는 조심스럽게 물었다.

"넌… 소원이 뭐야?"

소녀는 단박에 대답했다. 흙먼지 묻은 손으로 바닥을

짚으며 고개를 들고 말했다.

"공부하고 싶어요."

그 말이 내 가슴을 찔렀다. 기댈 곳 하나 없는 삶, 매일이 흙먼지와 땀으로 시작해서 흙먼지와 땀으로 끝나는 하루 속에서도 이토록 단단하고 투명한 소원이 있을 수 있다는 사실이 나를 멈춰 세웠다.

아이의 집을 나서자마자 걸음을 멈췄다. 해가 지는 들판 한가운데서 한참을 울었다. 그 아이가 불쌍해서가 아니라, 그 마음이 너무 맑아서였다. 아무것도 가진 것이 없어도, 누구에게도 기대할 수 없어도, 흔들리지 않는 소망을 품을 수 있다는 것. 그 마음이 너무 아름다워서 울었다.

지금도 그 아이의 얼굴이 떠오른다. 햇빛 한 줄기 들어오지 않는 흙집 안에서 바닥을 기면서도 환하게 웃던 그 아이. 열여섯쯤 되었을 그 소녀의 웃음이 지금도 시린 내 가슴 한쪽을 따뜻하게 데운다. 그리고 가끔은 생각한다. 우리가 '불쌍하게' 여기는 삶 속에도 오히려 우리를 부끄럽게 만드는 큰 빛이 숨어 있다고.

오직 덕德만이 하늘을 감동시킨다.
《서경》

―

惟德動天 유덕동천

'**왜** 여기 있어야 하지?'

어느 날, 직원들과 나이로비 외곽 쓰레기장 근처 빈민가로 장애아동 조사를 하러 갔다. 현지 사람들도 코를 막고 다닐 만큼 냄새가 지독했다. 나도 코를 틀어잡고 길을 살피면서 걸으며, 위 질문을 반복했다.

케냐에 적응하던 초기에는 여러 가지로 어려움이 많

왔다. 미국에서 공부하며 사람들 앞에 서서 박수받고, 한국에서도 여기저기에서 불러주었다. 사회적 명성이라는 걸 조금 맛보다가 케냐에 왔던 직후라 솔직히 마음이 불편했다. 몸은 이곳에 있지만, 마음 한구석은 여전히 다른 데로 날아가려고 했다.

특히, 케냐 빈민가 골목이 두렵게 느껴지고, 냄새가 견디기 힘들었다. 마음속으로 중얼거렸을 뿐이지만. 앞서 가던 직원들이 "이 집"이라며 들어갔다.

그 집에 들어서자 사람들이 몰려들었다. 그러자 한 아이가 겁에 질려 구석으로 숨었다. 아버지와 이야기를 나누고 있는데, 그 아이가 갑자기 내 발 앞에 다가왔다. 그러곤 몸을 낮추더니 내 발에 입을 맞췄다. 너무 갑작스러운 일이라 누구도 막을 틈이 없었다. 영화 속 비슷한 장면처럼 느껴지지 않았다. 그냥 너무 놀라서 말로 설명할 수 없는 순간이었다.

집으로 돌아오는 길에 그 아이의 얼굴이 떠올랐다. 작은 입술이 내 발에 닿던 순간이 사진처럼 마음에 찍혔다.

그날 밤, 문득 깨달았다. 내가 왜 이곳에 왔는지. 이 아이들 때문이었다. 이 아이들을 위해서. 그 순간, 불편했던 그 느낌, 한껏 높이 솟아 있던 마음이 제자리를 찾는 것 같았다. 슬럼가 거리로, 흙바닥으로. 냄새도, 더러움도 더는 투덜거릴 대상이 아니었다. 오히려 그 모든 것이 내 자리로 느껴졌다.

그날 이후 내게 아프리카는 먼 곳이 아니라, 내 마음이 머무는 곳이 되었다. 내 길을 다시 세워준 그 아이의 입맞춤이 지금도 내 마음에 남아 있다. 정말 고마운 순간이다.

43 코리안-아프리칸으로 자라는 아이들

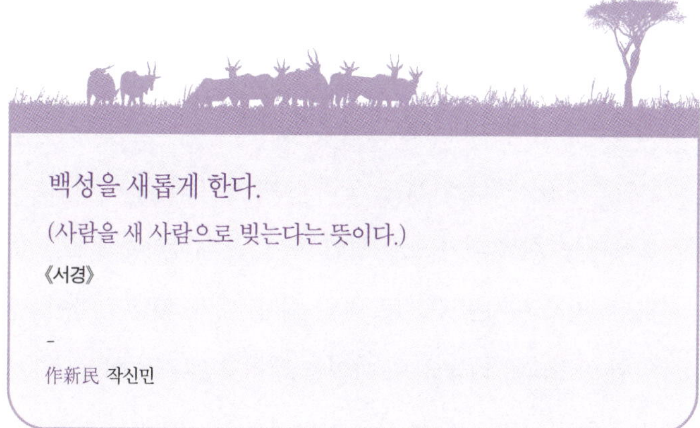

백성을 새롭게 한다.
(사람을 새 사람으로 빚는다는 뜻이다.)
《서경》

-

作新民 작신민

아프리카에서 나는 영원한 외부자다. 옷차림과 말투, 걸음걸이부터 기도하는 방식까지, 이 대륙의 본류에 섞이지 못한다는 사실을 오래전 받아들였다. 그런데 어느 날 조카를 보며 깜짝 놀랐다. 내 피는 한국의 것이지만, 이 아이의 핏속에는 아프리카 리듬이 자연스럽게 스며들어 있었다. 큰 조카가 사람들 앞에서 자신을 소개할 때마다 속으로 웃음이 난다.

"보츠와나에서 태어났고, 한국에서 군대를 다녀왔고, 지금은 케냐에서 대학을 다니고 있어요."

아프리카 사람들에게는 '우리 동네 아이'로, 한국 사람들에게는 '한국 피가 조금 섞인 아이'로, 외국인들에게는 그냥 '지구촌 사람'쯤으로 들릴 테다. 내가 30년 가까이 익힌 아프리카 리듬을 이 아이는 태어날 때부터 심장 소리로 알고 있다. 그래서 사람들 앞에서 농담처럼 말한다.

"얘는 태생이 아프리칸이라 우리가 따라갈 수 없어요."

그 말이 진심이라 더 재미있다. 나는 이 대륙에서 평생 외부자로 남을 가능성이 크다. 하지만 이 아이들은 아프리카를 떠나도 말투와 냄새, 시간을 보는 눈빛, 사람을 대하는 태도까지 평생 아프리칸으로 살아갈 것이다. 가끔 먼 미래를 그려본다. 지금의 조카들, 그리고 앞으로 태어날 코리안-아프리칸 아이들이 이 땅 곳곳에 뿌리를 내리는 날을. 어떤 마을에서는 완전한 내부자가 되고, 또 다른 마을에서는 새로운 내부자를 키우는 날을.

나는 끝내 뿌리를 내리지 못한 채로 머물렀지만, 이 아이들은 내가 닦아놓은 길 위에서 이 땅에 싹을 틔우고 있다. 그 사실이 요즘 나를 가장 깊이 위로한다. 생각해보니, 내가 여기서 한 일은 결국 '한국 아주머니가 아프리카에 코리안-아프리칸 씨앗을 뿌리고 간 것'쯤 된다. 씨앗은 내가 심었고, 싹은 아이들이 키우는 셈이다.

나 혼자 외부자로 늙어가도 내 뒤에 아프리카를 심장으로 아는 아이들이 남아 있으니, 꽤 괜찮은 일이다. 국제개발 활동가로 산 세월이 준 가장 큰 선물이 이것이 아닐까.

묵묵히 익히고, 배우기를 싫어하지 않으며,
사람을 가르치기를 게을리하지 않는다.
《논어》

默而識之 學而不厭 誨人不倦 묵이식지 학이불염 회인불권

큰 조카가 그랬다. 예전에는 내가 좀 무섭고 어려운 고모였다고. 뭐, 그 말에 백번 공감한다. 그때는 내가 아프리카 권역 본부장으로 일하던 시절이었으니까. 카리스마가 넘쳐흘렀다고나 할까.

조카는 또래와 비교하면 말수가 적었다. 어른만 보면

얼어붙고, 말은 천천히 끊어서 내뱉고, 집 안에서는 숨는 재주가 따로 없었다. 그러다 한국에서 1년을 같이 살게 되면서 우리는 일주일에 한 번씩 '말하기 시간'을 가졌다. 오랜 친구이자 심리상담가인 토머스가 가르쳐준 방식 그대로 어색해도 말하고, 수줍어도 말하고, 가끔 눈물 콧물 쏟아내면서도 끝까지 말하기.

그렇게 몇 달이 지나고 어느 날, 조카가 아주 진지한 얼굴로 말했다.

"고모… 제가 고모랑 말할 수 있으면, 세상 누구랑도 말할 수 있을 것 같아요."

그 한마디가 내 가슴을 파고들었다. 영화 대사도 아닌데, 눈물이 핑 돌았다. 지금 그 조카는 케냐를 찾는 정부 관계자들을 위한 통역을 맡고 있다. 예전 같았으면 눈도 못 마주쳤을 사람들 앞에서 또박또박 영어로 국가 간 소통을 해낸다. 이게 무슨 급성장인가 하는 마음에 혼자 웃음을 깨문다.

조카에게 나는 십 대 때는 무서운 어른이었고, 스무 살 쯤엔 넘어야 할 산이었고, 지금은…, '세상에 나갔다가 언제든지 돌아올 수 있는 안전지대'가 된 모양이다.

얼마 전 문득 생각했다. 보츠와나에서 네 살 때 엄마와 여동생을 잃고 비어 있던 그 아이 마음 한구석에 내가 따뜻한 담요 한 장쯤은 덮어줬기를. 지금도 그 담요 끝자락이 살랑살랑 남아 있기를. 그거면 충분하다. 아주 충분하다.

 벽을 타고 오르는 머니 플랜트

옥도 깎고 다듬지 않으면 그릇器이 되지 못하고,
사람도 배우지 않으면 도를 알지 못한다.
《예기》

-

玉不琢 不成器 人不學 不知道 옥불탁 불성기 인불학 부지도

도시에 집이 있지 않다면 아프리카에서는 집 밖에 끝이 보이지 않는 황색 흙밭과 벌판이 펼쳐진다. 바람은 건조하고, 하루에도 여러 번 먼지가 스멀스멀 문틈을 통과해 들어온다. 그런데 신기하게도 실내에 초록 식물 하나만 둬도 공기가 조금은 부드러워지는 것 같았

다. 그때부터 나는 현지 사람들이 '머니 플랜트'라고 부르는 스킨답서스를 키우기 시작했다.

물에 담가두면 하얀 뿌리가 금세 자라는 귀여운 식물. 흙에 옮겨 심으면 처음에는 잠잠하다가 어느 날 갑자기 쭈우욱~! 하고 치고 올라가는 식물이다. 남부 아프리카의 여름이면 일주일에 1미터도 자란다. 물을 많이 주지 않아도 되고, 햇빛만 조금 비춰도 하루가 다르게 변하는 모습을 보며 나는 혼자 중얼거리곤 했다.

"와… 너는 진짜 자라는 데 주저함이 없구나."

한번은 한국에 두 달 다녀왔다가 돌아왔는데 머니 플랜트의 잎이 노래지고 힘이 쭉 빠져 있었다. 식물도 알아채는 것이다. 아, 나를 돌봐주는 사람이 잠시 자리를 비웠구나, 하고. 스치는 눈길, 가벼운 손길 같은 작은 관심이 사실은 큰 힘이라는 걸 이 식물이 먼저 알려주었다.

케냐로 옮겨 온 지금, 우리 집 벽에는 또 다른 머니 플랜트가 초록 터널처럼 길게 뻗어 있다. 큰 조카는 물 주는 날을 달력에 표시해두고 잎이 살짝 시들해지기만 해도 "고모! 오늘 물 주는 날!" 하며 달려온다. 요즘은 집에서 머니 플랜트를 보다가 이런 엉뚱한 생각도 든다.

'잎마다 소원을 써서 붙이면… 진짜 돈이 들어오려나?'

말이 안 된다는 걸 알면서도 왠지 모르게 웃음이 난다. 식물은 말이 없어서 더 솔직하다. 내 마음이 조금 시들한지, 아니면 갑자기 살아나는지 가장 먼저 알아채는 친구다. 그래서 더 고맙다. 그리고 조금… 미안하기도 하다.

작은 화분 하나면 충분하다. 당신도 한번 키워보라. 가끔은 속마음을 슬쩍 털어놔도 된다. 얘는 절대, 아무한테도 말하지 않으니까.

정定함이 있어야 고요하고,
고요해야 편안하고, 편안해야 깊이 생각하고,
깊이 생각해야 얻을 수 있다.
《대학》

定而後能靜 靜而後能安 安而後能慮 慮而後能得
정이후능정 정이후능안 안이후능려 려이후능득

큰 조카가 군대에서 돌아온 뒤 요르단에서 언어연수를 마치고 집에 왔을 때였다. 그 아이가 문득 웃으며 말했다.

"고모, 나이로비 집은 늘 이렇게 정리되어 있네요. 저도 모르게 따라 하게 되었어요."

혼자 살던 그곳에서 집이 깨끗하다는 소리를 들었다며 조카는 살짝 어깨를 으쓱했다. 내 가슴에 스며든 그 말이 따뜻했다.

우리 집에 오는 손님들은 대개 이렇게 비슷한 말을 한다.

"집이 항상 정돈되어 있네요."

극도로 깔끔한 건 아니고, 그저 평범한 수준인데도 그렇게들 말한다. 그럴 때마다 속으로 피식 웃는다. 사실 어렵지 않다. 물건을 쓰고 바로 제자리에 돌려놓기만 하면 되니까.

그렇다고 다른 사람이 그렇게 하지 않는다고 해서 불편해하지는 않는다. 그건 각자의 생활 방식일 테니. 청소를 마치고 소파에 기대앉아 음악을 틀어놓은 채 아무 생각 없이 그 소리에 젖어 있는 순간. 그 시간이 하루를 마무리하는 나만의 작은 의식이다.

아프리카에서 오래 지내다 보니 저절로 익혀진 생활 습관들이 생겼다. 전기를 아끼고, 물을 소중히 여기고, 음식을 남기지 않는 것. 자연이 가르쳐준 이런 마음가짐들.

돌이켜보면 이런 습관들이 갑자기 생긴 건 아니다. 고전을 읽으며 조금씩 내 몸에 스며들었고, 검소한 일본 사람들과 일하면서 자연스레 굳어진 것들이다.

하루의 끝은 늘 비슷하다. 정돈된 공간에 작은 음악이 흐르고, 짧은 고요가 내려앉는다. 그 고요가 나를 제자리로 돌려놓는다. 하루를 닫고 내일을 열어주는, 그 소중하고 조용한 시간.

기쁨·노여움·슬픔·즐거움이
아직 드러나지 않은 상태를 '중中'이라 하고,
감정이 드러나되 모두 절도에 맞는 것을
'화和'라고 한다.
(지나치지도 모자라지도 않은 상태,
곧 균형 잡힌 마음과 태도가 삶의 근본임을 가르친다.)
《중용》

喜怒哀樂之未發 謂之中 發而皆中節 謂之和
희로애락지미발 위지중 발이개중절 위지화

우리 집에는 손님이 많다. 케냐에 처음 오는 분들,
특히 선교사 분들이나 아이들과 함께 사역하는

분들. 그들은 대체로 마음이 활짝 열려 있다. 길에서 만난 아이가 손을 흔들면 덥석 손잡고, 이웃집 아주머니가 웃으면 같이 웃고, 심지어 "우리 집에 놀러 와요"라고 청하기도 한다. 그럴 때마다 나는 살짝 미소를 지으며 말한다.

"여기… 그런 동네는 아닌데요."

그러면 잠시 그들의 표정이 굳는다. '선교사라면서 왜 마음의 문을 닫지?' 하는 눈빛이 느껴진다. 처음 온 사람들은 아직 나이로비를 잘 모른다고 할 수 있다. 여기서는 웃음 한 번이 부탁이 되고, 부탁이 기대가 되고, 기대가 금세 요구로 자란다는 것을. 그 속도가 엄청나다. 하루에 문 두드리는 소리가 다섯 번쯤 나면 그날은 이미 피곤을 각오해야 한다. 그래서 나는 아이들에게도, 이웃에게도 선명하게 문턱을 긋는다.

"오늘은 집에 손님이 많아서 안 돼요."

"내일 다시 와요."

그 말 한마디가 처음엔 미안해서 죽을 것 같았는데, 이제는 자연스럽게 나온다. 나중에는 그분들도 웃으며 고개를 끄덕인다.

“아, 여기선 문 여는 것도 지혜고, 문 닫는 것도 배려네요.”

맞다. 나이로비에서 오래 살다 보니 저절로 알게 되었다. 관계도 적당한 거리를 유지해야 서로를 지켜줄 수 있다는 걸. 문은 항상 활짝 열 필요도 없고, 항상 굳게 닫을 필요도 없다. 열어야 할 때와 닫아야 할 때를 아는 게, 여기선 가장 따뜻한 배려다. 나는 가끔 문 앞에 혼자 서서 웃으며 중얼거린다.

“오늘은 몇 번이나 문을 두드릴까?”

그러다 문을 살짝 열고, 오늘은 열어도 되는 사람에게만 “들어와요” 하고 말한다. 그게 내가 배운, 나이로비식 살아가는 법이다.

홀로 즐기는 즐거움과 남과 함께 즐기는 즐거움,

어느 쪽이 더 즐거운가.

(연어 한 점을 사이에 두고 웃음이 피어날 때,

나는 맹자가 던진 이 오래된 질문에 조용히 답한다.

역시 남과 함께하는 즐거움이 더 크다고.

먼 땅에서라도 식탁 하나면 충분히 온 세상을 품을 수 있다는 걸,

그 한 끼가 다시 가르쳐준다.)

《맹자》

—

獨樂樂 与人樂樂 孰樂 독락락 여인락락 숙락

나이로비에서 연어는 작은 사치다. 냉동 연어 반쪽에 8만 원쯤 하는 걸 사 들고 오면, 그날부터 우리

집에서는 며칠 동안 연어 축제가 벌어진다. 연어 스테이크를 굽고, 아보카도를 넣은 샐러드를 만들고, 김밥도 말아본다. 냉장고 문을 열 때마다 반짝이는 연어가 있는 그 며칠은 마음이 이유 없이 넉넉해진다. 사진을 찍어 SNS에 올리면 "와, 아프리카에서 연어라니!" 하는 댓글이 달리고, 몸바사에 사는 친구가 "Yummy"라고 답해주면 뭔가 뿌듯하다.

그런데 진짜 맛있는 순간은 따로 있다. 토머스가 포크로 연어 한 점을 찍어 입에 넣고 조카들은 "고모, 이거 진짜 맛있어. 나이로비에서 먹는 연어라니" 하고 웃으며 함께 둘러앉아 접시를 비우며 수다를 떨 때. 우리에게 연어는 결국 음식이 아니라, 좋은 사람과 함께할 때 완성되는 작은 행복이다. 혼자 먹어도 좋지만, 누군가와 나눌 때 비로소 그 맛이 살아난다.

아프리카의 뜨거운 햇살 아래서도 식탁 위의 연어 한 점이 이렇게 마음을 따뜻하게 채울 수 있다는 게 참 신기하고 고맙다. 돈으로 사는 사치는 금세 사라지지만, 함께 먹는 밥 한 끼는 오래 기억에 남는다.

49 토이마켓에서 발견한 가치

부유한 처지에 있으면 부유함에 맞게 살아가고,
가난하고 천한 처지에 있으면
가난함에 맞게 살아간다.
(곧, 자신의 형편에 흔들리지 않고 그 자리에 합당한
삶의 태도를 지키는 것이 군자의 길이라는 뜻이다.)
《중용》

素富貴 行乎富貴 素貧賤 行乎貧賤 소부귀 행호부귀 소빈천 행호빈천

케냐 나이로비의 토이마켓(중고 물품 시장)은 세상이 얼마나 넓고 또 얼마나 재미있는지를 알게 해 주는 곳이다. 산처럼 쌓인 중고 옷더미 위로 구찌 로고가

반짝이고, 랄프로렌 말이 달려간다. 상인은 느긋하게 말한다.

"이름값이 있네."

손님은 더 느긋하게 웃으며 답한다.

"이름보다 오래 입어야 진짜지."

필요하면 백화점엘 가면 되는 일인데 우리 팀은 등산화 하나 사야 할 때도, 후드티 하나 필요할 때도 서로 눈만 마주치면 말한다.

"토이마켓 갈까?"

그곳엔 늘 케냐 사람들의 웃음이 있고 세계 곳곳에서 흘러든 물건들이 뒤섞여 있다. 우리는 그 사이를 누비고 다니며 "아프리카에서는 아프리카 옷으로!"라고 외치고 다닌다. 그러다 싸고 튼튼한 걸 발견하면 이유 없이 깔깔거린다. 중고를 또 중고로 사는 거지만 잘 맞고, 마음에 들고, 오래 입으면 그걸로 충분하다. 요즘 이런 토이마켓이 아프리카 도시 마다마다 번지고 있다.

국제개발 전문가인 나로서는 조금 마음이 쓰인다. '새 옷을 직접 만들고 자기 브랜드를 키우는 게 더 나은 길

아닌가…' 싶어서. 그런데 토이마켓은 조용히 웃으며 말한다. 브랜드보다 쓰임이 먼저라고. 이 옷이 누군가에게 가서 얼마나 오래 사랑받느냐, 그게 진짜 가치라고.

　사람들은 이미 그걸 알고 있다. 그래서 오늘도 시장은 웃음과 손짓이 넘쳐난다.

군자의 도는 담담하나 싫증 나지 않고,
간략하나 문채가 있으며,
온화하나 이치가 있다.
《중용》

君子之道 淡而不厭 簡而文 溫而理   군자지도 담이불염 간이문 온이리

"Money, Pesa, Chapaa."

나이로비 아이들이 하루에도 수십 번 내뱉는 말이다. 뜻은 똑같이 '돈'이다. 그런 아이들이 방과 후에 친구들과 골목길을 걷다 보면 어디서든 셍Sheng이란 말이 튀어나온다. 영어와 스와힐리어, 그리고 거리의 숨결이 뒤섞인 케냐만의 젊은 말투.

셍은 오래전 케냐가 식민지의 쇠사슬을 끊어내던 그때

부터 시작되었다. 시골에서 일자리를 찾아 나이로비로 몰려든 사람들은 서로 말이 통하지 않았다. 학교 문턱에도 가보지 못한 아이들은 살아남기 위해, 놀기 위해, 사랑하기 위해 새로운 말을 만들어냈다. 그렇게 거리 한복판에서 셍이 태어났다. 하지만 어른들은 코웃음 쳤다.

"저건 말이 아니야, 버르장머리 없는 말이야."

하지만 아이들은 웃으며 계속 그 말을 내뱉었다. 그 말로 랩을 읊조리고, 노래를 부르고, 서로에게만 통하는 비밀을 속삭였다. 그렇게 60년이 지난 지금, 셍은 더는 '젊은이들만의 은어'가 아니다. 유튜브 조회 수 1억 뷰를 넘기는 노래 속에, 콜라 광고 카피 속에, 심지어 저녁 뉴스 앵커의 입 끝에서도 살짝 묻어나는 말이다. 케냐의 십 대들은 가슴을 쭉 펴고 말한다. "We speak Sheng. 그게 바로 우리야"라고.

언어가 변한다는 건 그만큼 세대가 자기만의 세상을 만들고 있다는 증거다. 셍은 케냐 아이들이 자신들의 웃음과 눈물, 분노와 꿈을 모아 마침내 세상에 내민 새로운 목소리다.

마음을 기르는 데
욕심을 적게 하는 것보다 나은 것이 없다.
《맹자》

養心 莫善於 寡欲 양심 막선어 과욕

나이로비 외곽을 지나다 보면 이 도시가 아직 '청소년기'라는 걸 한눈에 알게 된다. 뼈대만 남은 콘크리트 건물들이 하늘을 향해 서 있는데도, 그 아래층엔 이미 사람들이 살고 있다. 돈이 생기면 벽돌 한 장씩 사서 한 줄, 또 한 줄 쌓아 올린다. 위층엔 망치 소리가 가득

하고 아래층에선 밥 냄새가 난다.

한국 같았으면 "공사 중인데 어떻게 살아요?" 하며 민원이 폭주했을 텐데, 여기선 그냥 평범한 하루다. 회색 건물 사이로 빨간 치마, 초록 티셔츠, 노란 속옷이 바람에 펄럭이며 춤춘다. 그 색깔들이 외친다.

"우린 아직 덜 되었지만, 그래도 살아 있어!"

처음엔 누가 그랬다. "저기는 가지 마세요, 꼭 전쟁 직후 같대요"라고. 막상 가보니… 조금은 맞는 말이었다. 그래도 이상하게 그 어설픈 풍경 속에서만 느껴지는 따뜻한 숨결이 있었다.

요즘은 조금씩 달라진다. 건물이 하나둘 완성되고, 아이들의 웃음소리가 더 커지고, 작은 가게들이 문을 연다. 어쩌면 매사 서툴렀던 소년이 조금씩 자기 얼굴을 찾아가는 것처럼.

가난은 보이지만 외로움은 덜 보이는 도시. 완벽한 집은 아니어도 서로의 빈 곳을 채워주며 사는 사람들. 미래와 현재가 한지붕 아래서 함께 숨 쉬는 곳. 바람이 불 때마다 빨래가 흔들리고, 그 흔들림이 이 도시의 심장 박동처럼 느껴진다.

당신이 지금 느끼는 '아직 부족한 나'도 어쩌면 이렇게 누군가에게는 가장 생생한 생명력으로 받아들여질지 모른다.

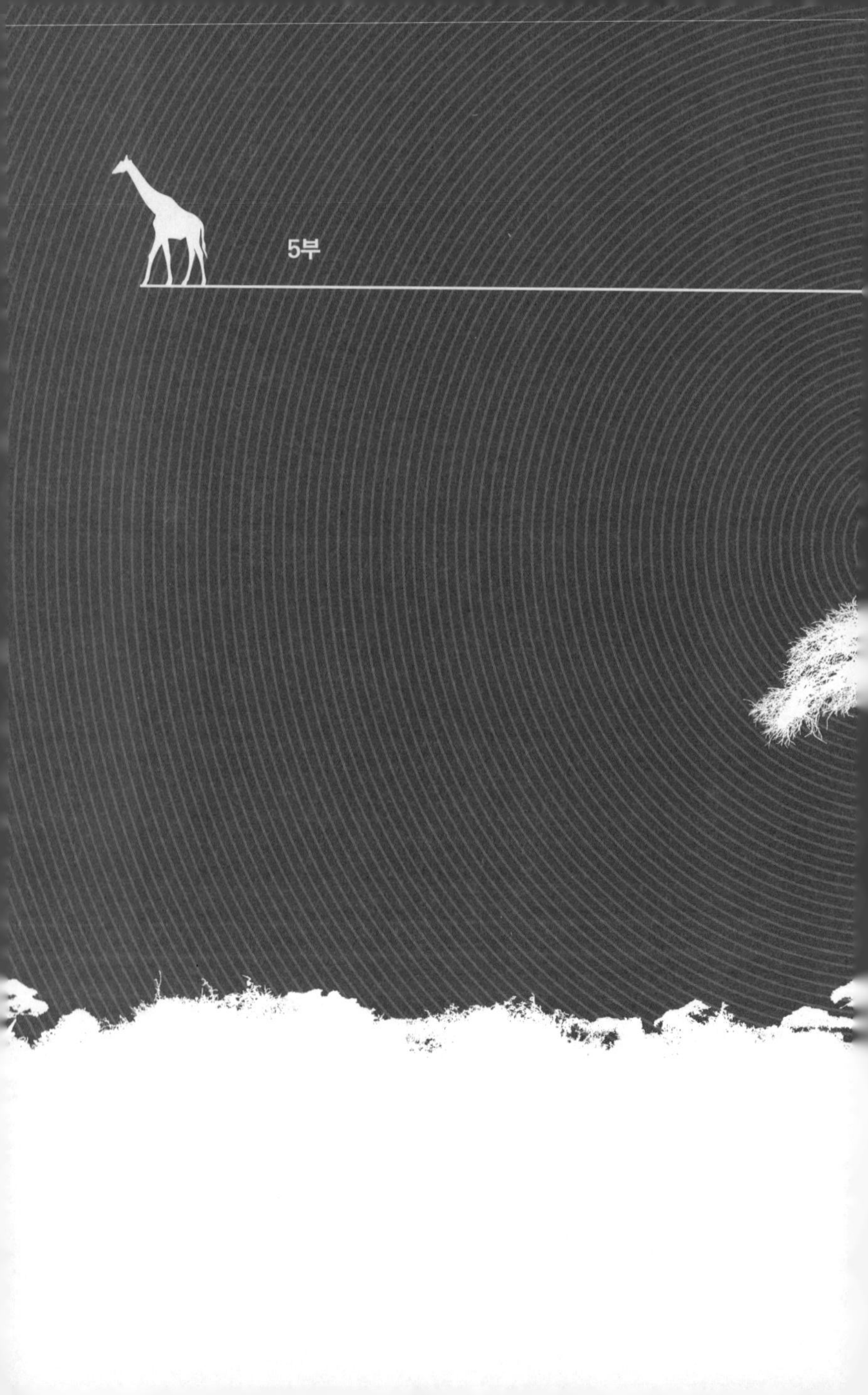

5부

킬리만자로,
느림과 깊이의 시간

아는 사람은 좋아하는 사람만 못하고,
좋아하는 사람은 즐기는 사람만 못하다.
《논어》

知之者不如好之者 好之者不如樂之者
지지자불여호지자 호지자불여락지자

국제개발 현장은 사람들로 가득한 장터 같다. 나이, 국적, 배경이 제각각인 이들이 모여 피로를 나누고, 때로는 기쁨을 함께한다. 얼마 전 나이로비 쇼핑몰 카페에서 인도네시아 출신 엔지오 활동가 부부를 만났다. 부부는 나와 비슷한 연배에 비슷한 일터, 비슷한 눈빛이었다. 브런치 한 끼를 앞에 두고 앉으니 자연스레 이야기가 흘러나왔다.

대화 몇 마디에 마음이 가까워지는 사람이 있다. 이 분야에서 가끔 만나는 작은 선물이다. 커피를 다 비우고 나서야 부인이 조심스레 말을 꺼냈다. 요즘 숙소 청소를 도와주는 자매가 부탁을 점점 늘린다는 이야기였다. 처음엔 식비를 보태달라더니, 물건을 챙겨달라, 이제는 집세까지 내달라고 한다고.

"정말일까요? 도와야 할까요?"

나는 웃으며 농담처럼 말했다.

"그 부탁의 절반은 사실일 수도 있고, 절반은 아닐 수도 있어요. 그런데 계속 들어주다 보면 나중엔 남편도 달라고 할 거예요."

부인이 크게 웃었다. 그러더니 곧 알아챘다. 여기서는 모든 걸 '정'으로 받아들여선 안 된다는 걸. 아프리카 사람들이 나쁘다는 말이 아니다. 살아가는 방식이 우리와 다를 뿐이다. 생존 앞에선 누구나 자기만의 거리를 잰다. 나는 그걸 깨닫는 데 꽤 오랜 시간이 걸렸다. 이제는 조금씩 느낀다. 관계를 열 때나 닫을 때 용기와 지혜가 필요하다는 걸.

식당을 나서며 부인이 다시 웃었다.

"오늘 이 말로 앞으로 5년은 버틸 수 있겠어요."

나도 웃었다.

국제개발 현장이 주는 진짜 보상은 가끔 이렇게 함께 하는 커피 한 잔과 웃음이다. 무거운 세상을 함께 걷는 동료를 만나 마음의 거리가 적당해지는 순간이다.

하늘의 명은 쉽게 주어지지 않는다.
(큰 책임과 사명은 저절로 주어지는 것이 아니라,
사람을 오래 단련한 뒤에야 맡겨진다는 뜻이다.)
《서경》

-

天命不易 천명불역

내 몸은 늘 나를 나타내주는 가장 선명한 표시였다. 내 키는 134센티미터에서 성장을 멈췄다. 등도 휘었다. 아버지는 내가 태어나자 "첫째가 아들이 아니네"라는 말과 함께 아기인 나를 바닥에 던져 버렸다. 그 순간 척추가 상했고, 나는 아주 어린 나이에 남들과 '다른 몸'을 가지게 되었다.

초등 5학년 때 고모에게서 그 사실을 처음 들었다. 그 전까지는 그냥 내가 잘못한 줄로만 알았다. 나는 늘 무거운 마음을 안고 살아야 했다.

그런데 아프리카에 와서야 그 무게가 달라졌다. 평생 끌어안고 살던 '가장 큰 문제'가 여기서는 별일 아니었다. 물론 장애를 이상하게 보는 눈초리는 여기에도 있다. 보이지 않는 차별의 층이. 그런데 사람들은 나를 먼저 "외국인 캐서린"이라고 불렀다. 장애인 캐서린이 아니라. 그 순간 깨달았다. 내 몸이 '당연한 불행'이 아니라는 걸.

한국에서 자란 어린 시절, 남아선호사상과 낮은 장애 인식이 만들어 놓은 차별의 세계가 아프리카에서는 별일 아닌 그런 느낌이었다. 지금도 장애는 내 일부지만 숨기지도, 없던 일로 하지도 않는다. 가끔 "그래, 내 몸이 이렇지" 하고 지나가는 걸로 끝이다.

어느 기자가 내게 물었다.

"다시 태어나면 큰 키와 곧은 등을 갖고 싶나요?"

나는 웃으며 대답했다.

"당연하죠. 그런데 그만큼 다른 걸 잃을 테니 문제죠."

요즘은 내 몸보다 마음에 더 신경이 쓰인다. 나이로비 길가에서 휠체어를 손으로 밀며 도로를 건너는 아이들, 손을 내밀어 구걸하는 사람들. 나는 창문을 내려 그들에게 돈을 주지는 않는다. 그런 행위가 진짜 도움이 안 된다는 걸 여기서 배웠기 때문이다.

내가 바라는 건 하나다. 내가 아프리카에서 살아온 이 시간이 누군가의 시선을 아주 조금이라도 바꿔놓는다면, 그걸로 충분하다. 나에게 제일 무거웠던 것을, 그렇게 조용히 조금씩 나눠주는 거니까.

잘못이 있으면 고치기를 주저하지 말라.
《논어》

過則勿憚改 과즉물탄개

케냐에 두 조카가 있다. 큰 조카는 나와 함께 살고 있고, 작은 조카는 부모 곁에 있다. 나이 차가 열다섯 살, 이복형제다. 큰 조카는 네 살 때 엄마를 잃고 나를 엄마처럼 따랐다. 여섯 살쯤 되었을 때였다. 엔지오 캠프에 데려갔는데, 갑자기 아이가 나를 피하기 시작했다. 곁에도 오지 않고, 눈도 마주치지 않았다. 그 어린 눈에 내가, 장애가 있는 고모가 조금 이상하게 보였을 테다. 그날 밤 침대에 누워 차근차근 물었다.

"너희 엄마는 어떻게 됐어?"

"교통사고."

"여동생은?"

"교통사고."

"그럼 너는?"

"다리 다쳤어. 깁스 했었어."

"맞아. 그때 치료 안 했으면 지금 어떻게 됐을까?"

아이 표정이 멈칫했다. 그러더니 고개를 떨구며 말했다.

"다리를 저는 사람이 됐겠지?"

"그래. 고모도 아기 때 다쳤는데 병원에 갈 수 없었어. 그래서 이렇게 됐어."

"고모가 잘못한 거야?"

"아니."

"창피해?"

"아니…."

그 뒤로 아이는 다시 내 곁에 붙어 다녔다. 시간이 흘러

작은 조카도 초등학생이 되었다. 중국어가 모국어인 아이. 그런데 어느 날부터 이 아이도 나를 슬슬 피했다. 그래, 이때다. 나는 첫째에게 했던 이야기를 똑같이 들려주었다. 아이는 눈은 멀리 두고 귀만 쫑긋 세웠다.

"알았어?"

"응."

그날 이후로 아이는 우리 집에 오면 다짜고짜 달려와 안긴다. 키는 이제 나를 거의 따라잡았다. 두 조카를 볼 때마다 나는 속으로 웃으며 말한다.

'너희가 이 세상에 있는 것도, 사실은 내가 너희 부모를 아프리카로 오게 했고 만나게 했기 때문이야.'

상처는 시간이 지나면 모양을 바꾼다. 아픔은 스러지고, 괜찮음만 남는다. 지금 나는 그 괜찮음 속에서 두 아이의 얼굴을 바라본다. 그리고 고개를 끄덕인다. 이제는 정말 괜찮다.

관대함이라는 선물

너그럽고 여유로우며,
따뜻하고 부드러우면
사람과 세상을 넉넉히 품을 수 있다.

《중용》

–

寬裕溫柔 足以有容 **관유온유 족이유용**

가장 가까운 친구가 자주 하는 말이다.

"캐서린은 정말 너그러워요. 고마워요."

처음엔 그냥 오랜 친구라서 하는 말인 줄 알았다. 하지만 이 사람은 가까운 사람한테만 관대하면 바로 지적할 타입이다.

"왜 나한테만 그래? 그건 진짜 관대한 게 아니야."

그렇게 딱 잘라 말할 사람이니까 그 말이 진심이라는 걸 안다. 아프리카가 내 안을 바꾼 건 사실이다. 이십 대 중반 보츠와나에 처음으로 발 디딜 때만 해도 나는 철저하게 기독교와 유교적 사고에 바탕을 둔 인간형이었다. 시간은 칼같이, 일은 끝장을 봐야 직성이 풀리는. 틀리면 바로 지적하고, 실수는 용납이 안 되는 형 말이다.

그런데 이 아프리카 대륙이 하루아침에 사람을 바꾼 것이 아니라, 서서히, 아주 천천히 햇빛이 쨍쨍 내리비치는 리듬에 맞춰서 내 안을 바꿔갔다. 10년쯤 지나니까 아프리카가 편해졌고, 36년이 넘어가는 지금은 "여기가 고향이네" 하는 마음이 자연스럽게 든다. 한국보다 더 오래 산 땅이니까.

그 긴 세월 동안 아프리카가 내게 심어준 것 중 한국에 있었다면 배울 수 없었을 것 단 하나를 꼽으라면, 단연 '관대함'이다. 사람에게 관대해지는 법, 상황에 관대해지는 법, 시간도, 불확실도, 심지어 위험도 한발 물러서서 천천히 바라보는 힘. 그걸 제대로 깨달은 건 아프리카 한

겨울의 추위 때문이었다. 7월인데 손끝이 시렸다. 교실엔 난방이라고는 안 되어 있고, 학생들은 손이 시려서 연필도 제대로 못 잡았다. 어느 날, 아이들이 말했다.

"선생님, 밖으로 나가요."

처음엔 몇 번이나 거절했다. 공부는 교실에서 하는 거라고 우기면서. 그러다 나도 너무 추워서 결국 의자를 끌고 밖으로 나갔다. 아이들은 햇볕 아래 옹기종기 모여 앉아 책을 펼쳐 들고 고개를 파묻었다. 나도 그 한가운데 끼어 해를 쬐며 같이 공부했다.

그 순간 문득 웃음이 나왔다. '일 잘한다고 핑계 대고 사람 괴롭히지 말자'라는 생각이 들었기 때문이다. 추우면 추운 대로, 배고프면 배고픈 대로, 그걸 먼저 알아주는 게 진짜 사람 사는 공부라는 걸 그때 처음 배웠다.

그날 이후로 관대함은 내 안으로 조용히, 그러나 단단하게 뿌리내렸다. 가끔은 생각한다. 내가 조금 덜 까다로워진 게 주변 사람들한테도 은근히 고마운 선물이었을 거라고. 친구가 자꾸 고맙다고 하는 걸 보면, 아마 맞는 것 같다.

사물에는 뿌리와 가지가 있고,
일에는 시작과 끝이 있다.
무엇이 먼저이고 무엇이 나중인지를 알면,
도에 가까워진다.
《대학》

—

物有本末 事有終始 知所先後 則近道矣
물유본말 사유종시 지소선후 즉근도의

두 번째 책을 쓰려고 자료를 모으던 해였다. 사진작가 김 작가가 케냐에 왔다. 겉모습은 산적처럼 거칠게 보이는데, 속마음은 열일곱 소녀처럼 부드러웠다.

웃을 때마다 그 차이가 더 크게 느껴져서 볼 때마다 새로 웠다. 부산 사투리를 쓰는 김 작가의 말 한마디마다 깊은 맛이 배어 있었다. 석 달 동안 나이로비 숙소에서 함께 지내며 촬영에 동행하다 보니, 자연스레 대화가 쌓였다. 어느 저녁, 그가 조용히 입을 열었다.

"저는 일하다 보니 결혼이 늦어졌는데, 아내도 저와 비슷한 사람이었어요. 곧 아들이 태어났는데, 태어나자마자 엄청 아팠어요, 둘 다 일 다 접고 아이만 봤죠. 다행히 잘 커줬어요."

그러더니 잠시 멈추었다가 덧붙였다.

"예전엔 인생을 결혼 전과 후로 나눴는데, 아들을 낳고 나니 그 기준이 싹 바뀌었어요. 그 아이를 위해서라면 뭐든 할 수 있고, 또 그 아이를 위해서라면 아무것도 안 할 수도 있겠더라고요."

그 말이 가슴에 오래 맴돌았다. 칼라하리 사막의 별처럼 고요하고 깊게. 나는 결혼도 하지 않았고 아이도 없지만, 그 순간 문득 이런 생각이 들었다. 아이를 하나 둬도 꽤 괜찮았겠구나. 남자에게 아이가 어떤 의미인지, 그날

만큼 선명하게 느껴본 적이 없었다.

국제개발 현장에서 일하면서 "내가 뭘 위해 사는 걸까?"라는 물음이 늘 따라다니는데, 그의 그 말 한마디가 그걸 한 번에 정리해준 느낌이었다. 세상에서 제일 무거운 질문도 한 아이의 아빠가 되면 이렇게 이해할 수도 있겠구나 싶어서 괜히 미소가 지어졌다.

나이로비의 더운 밤하늘 아래서 나는 또 한 번 깨달았다. 인생의 중심은 결국 사람이라는 걸. 그게 가족이든 친구든, 아니면 아직 만나지 못한 누군가든.

그날 이후 사진을 찍을 때마다 김 작가의 말이 떠올라 셔터를 누르는 손에 따뜻함이 더해지는 기분이었다. 한 사람의 귀중함을 깨우치는 것이야말로 사람이 되어가는 증거가 아닐까.

갈대는 푸르고 무성하고, 흰 이슬은 서리가 되었다.
내가 그리는 그 사람은 물 건너 저편에 있다.
《시경》

-

兼葭蒼蒼 白露爲霜 所謂伊人 在水一方
겸가창창 백로위상 소위이인 재수일방

아프리카에서 지내다 보면, 가슴이 멎을 듯한 순간이 더러 찾아온다. 그 가운데서도 케냐의 보고리아 호수에서 본 홍학무리는 단연코 잊을 수 없는 선물이 되었다. 케냐에 처음 왔을 무렵부터 그곳을 가보겠다는 작은 소망을 마음 한구석에 품어두었다. 어느 해, 사흘간의 행사를 마치고 나에게 약속했다.

"오늘은 홍학을 보러 가자."

마침 혼자 있는 엔지오 활동가 친구와 함께 차를 몰고 나섰다. 내비게이션을 따라 비포장도로를 달리다 도착하니 호수 입구의 경비원이 웃으며 말했다.

"연휴가 끝난 지 사흘이나 되어서야 오는 손님이네요."

그 말을 듣는 순간, 오늘 특별한 일이 벌어지겠구나 싶었다.

그리고 시작된 그 3시간. 호수의 남쪽에서 북쪽으로 천천히 올라가는데, 사방이 홍학으로 가득했다. 가까이에는 조용히 물을 쪼는 홍학이 있고, 멀리서는 호수 전체가 홍학의 분홍 물결로 출렁였고, 홍학이 무리 지어 날아오를 때는 소리 없는 파도가 가슴을 때렸다.

그 광경에 입이 다물어지지 않아 "와…" 소리만 연발했다. 지금도 그 친구와 그날 이야기를 나누면, 서로 빙그레 웃음 짓게 된다. 평생에 하나뿐인 추억이 그렇게 생겼다.

한 번 더 갔을 때는 또 달랐다. 자연은 그런 법이다. 수

위와 바람, 빛과 홍학의 마음이 그날만큼 딱 맞아떨어지는 일은 다시 오지 않았다. 그래서 그때의 그 광경이 더 귀하게 다가온다. 자연은 때때로 돈으로 사지 못할 선물을 이렇게 툭 던져주고는, 조용히 사라진다. 그 3시간이야말로 아프리카에서 사는 내가 누린 가장 큰 사치였다. 고마워, 보고리아.

하늘은 아무 말도 하지 않지만,
사계절이 순행하고 만물이 생장한다.
하늘은 아무 말도 하지 않는다.
《논어》

天何言哉 四時行焉 百物生焉 天何言哉
천하언재 사시행언 백물생언 천하언재

케냐 나이로비는 해발 1,800미터쯤 되어서 그런지, 하늘이 손에 잡힐 듯 낮게 내려앉아 있다. 일 년 중 거의 아홉 달은 그 파랗기가 눈부실 만큼 선명하고, 그 위로 솜사탕처럼 부드러운 구름이 둥실 떠다닌다. 차를 타고 가다 백미러에 그 하늘 한 조각이 스치기만 해도 가슴이 스르륵 열리는 기분이 든다. 한국에서는 미세먼지 때문에 이런 날이 드물어서 케냐에서 이런 하늘을 볼 때마다 로또에 당첨된 듯한 행운을 느낀다.

뉴욕에서 사진을 공부할 때 누군가가 물었다.

"뭘 찍는 거죠?"

나는 거창한 말을 하려다 그냥 솔직하게 "모르겠다"고 대답했다. 그러자 그분이 웃으며 말했다.

"사진은 빛을 찍는 거예요."

그때는 그저 멋진 말로 들렸는데, 아프리카에 와서야 몸으로 깨달았다. 스마트폰으로 하늘을 찍다 보면 빛의 방향과 무게, 속도가 느껴진다. 한번은 인천 영종도에서 일몰을 기다리다 무지갯빛 하늘을 사진에 담은 적이 있다. 지금도 내 사진 중 최고로 꼽히는 실사다.

그러니까 내게 하늘색은 단순한 색이 아니라, 세상이 열리는 신호다. 빨간불처럼 보이다 파란불이 켜지면 온 우주가 환영하는 느낌이 든다. 아프리카 하늘은 그 파란 불을 아홉 달 내내 켜놓고 있다. 여기서 사는 내 마음이 좀 더 너그러워진 것도 다 그 덕분이다. 가끔 구름이 스치며 "오늘은 좀 쉬어"라고 속삭이는 듯한 날도 고맙다.

하늘이 부여한 것을 성품이라 하고,
그 성품을 따르는 것을 도라 하며,
그 도를 닦는 것을 가르침이라 한다.
《중용》

-

天命之謂性 率性之謂道 修道之謂教 천명지위성 솔성지위도 수도지위교

내가 사는 집 벽에는 늘 팅가팅가 그림이 걸려 있다. 원색으로 꽉 찬 캔버스 안에서 동물들이 통통한 몸으로 옹기종기 모여 사는 모습은 볼 때마다 마음 한 구석이 살짝 간질여진다. 집이 아무리 조용해도 저 그림만은 늘 북적거린다. 하마는 입이 찢어지게 웃고, 코끼리

는 눈을 반짝이며 장난치고, 기린은 '나 오늘도 쑥쑥 컸지?' 하는 표정으로 고개를 빼고 있다. 기회가 생길 때마다 나는 팅가팅가 그림을 사서 한국에 갈 때면 액자에 넣어 선물한다. 그러면 친구들은 똑같은 말을 한다.

"야, 이 그림 왜 이렇게 기분 좋아지게 해?"

나는 그때마다 웃으며 대답한다.

"아프리카에서 온 종합비타민이야."

지인 중 한 명은 탄자니아에서 봉사활동을 하다 아예 팅가팅가 화풍을 배워 지금은 전문 화가가 되었다. 팅가팅가 그림의 시작은 참 소박하다. 거리 화가 에드워드 사이디 팅가팅가에게는 비싼 물감을 살 돈도, 미술 학원에 갈 돈도 없었다. 싸구려 합판 한 장, 남은 페인트 몇 통이 전부였다. 있는 건 '한번 그려볼까?' 하는 가벼운 마음뿐. 그런데 그 가벼운 마음이 계속되자 작은 기적이 일어났다. 누군가는 기념품이라며 지나쳤지만, 누군가는 그 안에서 아프리카 사람들의 밝고 단단한 숨결을 보았다.

그렇게 한 장 한 장 그려진 그림이 이제는 아프리카 현대미술의 한 흐름이 되었다. 평론가들은 이렇게 말한다.

"팅가팅가는 가장 단순한 색으로 아프리카를 가장 밝게 보여준 사람이다."

더욱 놀라운 건, 그의 그림이 피카소 같은 거장들에게도 영감을 주었다는 사실이다. 나는 팅가팅가 앞에 서면 마음이 조용하고 단단해진다. 거창한 도구가 아니라 한 사람의 작은 용기에서 시작된 예술. 그 한 줄 선이 모이고 모여 온 세상을 환하게 밝히는 빛이 된다는 것.

오늘도 나는 검은색과 원색 물감을 꺼낸다. 굵은 선 하나를 그리며 팅가팅가가 남긴 그 생동감, 그 따뜻한 용기를 조금이나마 받아 본다.

6부

뉴욕,
세계의 중심에서
다시 나를 보다

만일 하루를 새롭게 한다면,
날마다 새로워지고 또 새로워진다.
《논어》

－

苟日新 日日新 又日新 구일신 일일신 우일신

두려움과 용기는 늘 붙어 다닌다. 둘 중 어느 쪽에 살짝 몸을 기울이느냐에 따라 인생이 달라진다. 이십 대 중반, 안정된 한국 직장을 때려치우고 보츠와나로 떠날 때. 삼십 대 후반, 뉴욕 유학을 위해 작은 가방 하나 들고 공항으로 나설 때. 사십 대 중반, 다시 케냐로 돌아올 때. 다들 '미쳤냐'라는 눈초리였지만, 나는 주저하면서도 결국 내가 정한 목적지에 발을 내디뎠다. 제자리에 머물러 있는 듯한 기분은 마음을 시들어 가게 하기 때문이다.

특히 첫 번째 선택을 생각하면 지금도 웃음이 난다. 수상도 하고, 연봉도 괜찮고, 주변에선 "이제 자리만 잡으면 된다"는데, 어느 날 문득 속에서 목소리 하나가 올라왔다.

"이대로 살면 안 되겠어."

그때는 그게 두려움인지 용기인지 구분도 안 되었다. 지금 돌이켜보니, 그 한마디가 나를 살짝 떠민 작은 바람이었다. 사실 그전에 이미 세상을 조금 맛본 적이 있다. 1985년 콜롬비아에서 열린 국제장애인기능대회에 기계편물로 국가대표로 다녀온 일, 1987년 6개월의 일본 체류. 그때 쐰 바깥바람이 내 무의식에 대고 계속 속삭였다.

"밖에 나가 봐. 여기 가만히 있으면 너답게 사는 세상을 놓칠 거야."

결과는 기가 막히게 맞아떨어졌다. 보츠와나에서 직업

학교 자원봉사 교사로 4년, 그리고 그 학교의 교장으로 10년을 일했다. 그 경력이 뉴욕 유학을, 또 케냐 정착으로 자연스럽게 이어졌다.

사람들이 물었다.

"어떻게 그런 결정을 해요? 두렵지 않았어요?"

두렵지 않은 게 어디 있나. 두려웠으니까 움직였고, 움직이니까 용기가 뒤따라왔다. 그리고 나는 안다. 내가 믿는 신이 멈칫거리는 그 모든 순간마다 조용히 내게 손을 얹고 있었다는 걸. 그러니까 내 인생을 여기까지 데려온 건 거창한 결심이 아니라, 그저 이 한마디였다.

"이대로는 안 되겠어. 나가 보자."

그 말 한마디가 결국 나를 아프리카 한가운데로 데려다 놓았다. 지금도 가끔 그 문장이 다시 나에게 속살거릴 때가 있다. 그럴 때면 웃으며 중얼거린다.

"또?"

그래도 발은 이미 움직이고 있으니.

군자는 중용의 도를 따라 살아가며,
세상에서 물러나 알아주지 않는 처지에 놓이더라도
그 삶을 후회하지 않는다.
《중용》

君子依乎中庸 遯世不見知而不悔 군자의호중용 둔세불견지이불회

아프리카의 색은 강렬하다. 햇살은 선명하게 빛나고, 사람들의 감정은 숨김없이 드러난다. 웃음도, 눈물도, 분노도 그냥 그대로 솟구친다. 반면 한국이나 미국은 때때로 흑백처럼 느껴진다. 화려한데도 어딘가 흐릿하다.

내 삶은 참으로 다양한 길을 밟아왔다. 어린 시절 쪽방 촌에서 시작해 아프리카의 붉은 흙길을 지나, 뉴욕 센트 럴파크까지 밟아봤다. 한때는 라디오와 토크쇼에 불려 다니며 잘나간다는 소리를 듣기도 했다.

그러던 어느 날 한 방송국 프로그램의 피디가 들려준 이야기가 아직도 가슴에 남아 있다. 언젠가 초등학생 아 들에게 내 이야기를 해줬더니, 아이가 이렇게 말했다고 한다.

"엄마, 나는 그 사람처럼 성공 못 할 것 같아."

"왜?"

"장애가 있어야 성공하는 거잖아…. 나는 장애가 없는 데."

그 말을 듣는 순간 웃음이 빵 터졌다. 그런데 웃다 보니 속이 시원해졌다. 성공이란 단어가 얼마나 허망한지, 그 한마디가 명쾌하게 정리해준 기분이었다.

아프리카에서는 하루에 열 번 웃고, 한국에서는 하루 에 열 번 한숨을 쉬었다. 둘 다 내 삶인데, 그 색감은 전혀 다르다. 그래서 요즘은 이렇게 생각한다. 어느 곳에 있든,

오늘 배고프지 않고 누군가와 함께 밥 먹을 수 있다면,
그게 충분한 행복이다. 장애가 있어도 그냥 살아 있다는
것만으로도 큰 행운이다.

그 아이의 말이 가끔 떠오를 때마다 혼자 미소 짓는다.

먼저 큰 것을 굳건히 세우면
작은 것은 능히 빼앗지 못한다.
《맹자》

-

先立乎其大者 則其小者弗能奪也 선립호기대자 즉기소자불능탈야

내가 전문가로서 관여하는 한 청소년 학교가 있다. 열두 살에서 열여덟 살 사이 아이들이 모여 있는 학교로, 집이 무너진 아이, 사랑을 받지 못하는 아이, 한 번의 잘못으로 법의 문턱에 선 아이까지. 세상은 그들을

‘문제아’라 불렀지만, 그 이름 아래에는 외로움 하나, 끊긴 손길 하나, 누군가에게 기대고 싶었던 아주 작은 마음 하나가 조용히 웅크리고 있었다.

이곳에서는 손으로 작업하는 시간이 많다. 흙을 주무르고, 반죽을 뭉치고, 오븐 앞에서 숨죽여 기다린다. 구워진 과자에 손끝이 닿는 순간, 굳었던 얼굴에 숨결이 스며든다. 마카롱 한 알을 이웃에게 건넬 때 아이들은 처음으로 ‘나도 줄 수 있는 게 있구나’를 배운다. 그러나 가장 깊은 시간은 서로 마주 앉아 말하는 순간이었다.

어느 날 내가 물었다.

“너희에게 친구란 어떤 사람이니?”

아이들이 하나씩 입을 열었다.

“힘들 때 옆에 있어주는 사람.”

“내가 잘못해도 떠나지 않는 사람.”

“나를 더 좋은 곳으로 데려가는 사람.”

나는 그 말들을 칠판에 적었다. 그리고 다시 물었다.

“그럼 너희는 지금까지 그런 친구를 몇 명 만났니?”

하나, 둘… 손가락을 꼽던 아이들이 갑자기 멈췄다. 여기까지 오게 된 길에 '친구'라 부르던 사람들이 오히려 손을 놓아 버린 순간들이 떠올랐기 때문이다. 나는 조용히 물었다.

"그럼… 그들은 친구였을까?"

고요가 길었다. 그러나 곧 작은 목소리들이 하나로 모여들었다.

"아니에요."

그 말 한마디에 아이들의 눈빛이 달라졌다. 이제 누군가에게 휘둘리지 않겠다는 작지만 단단한 다짐이 엿보였다. 그날 아이들은 '친구'라는 단어에 새로운 색을 칠했다. 그 색은 화려하지 않지만 쉽게 지워지지 않고, 조용하고 따뜻했다.

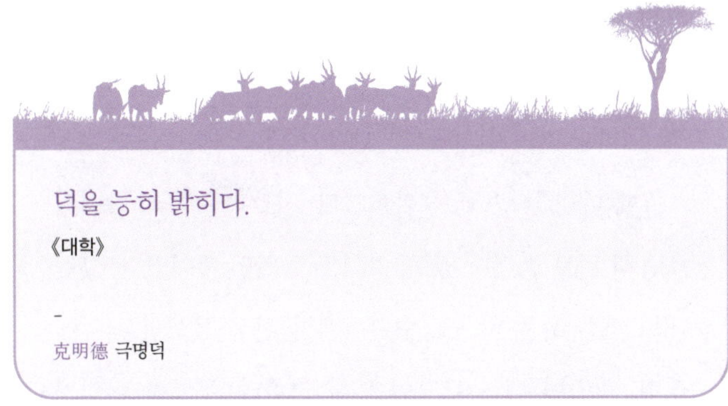

덕을 능히 밝히다.
《대학》

克明德 극명덕

내가 처음 무대에 선 건 열여섯 살 때였다. 초등학교만 겨우 나온 나에게 '발표'란 남의 나라 이야기였다. 학교에서도, 집에서도, 어디에서도 나에게는 그런 기회가 없었다.

그런데 직업교육을 끝내는 날, 다들 소감 한마디씩 하라고 해서, 나도 어쩌다 발표자로 뽑혔다. 떨리는 손에

종이 한 장을 들고 120명이 넘는 학생들이 앉아 있는 대강당 앞으로 나갔다. 그리고 발표를 시작했다. 정말 모깃소리처럼 내 귀에도 안 들릴 만큼 작은 소리로. 학생들은 '방금 바람 소리가 지났나?' 했을 거다.

그때 나는 늘 주눅 든 아이였다. 시끄러운 무리 속에서 조용히 뒤로 물러나 있는, 없어도 그만인 아이였다. 그런 내가 3년 뒤, 유네스코 수련회에서 전국 선생님들 앞에 섰다. 청소년 대표로 강연을 한 것이다. 무엇을 어떻게 준비했는지, 무슨 말을 했는지, 하나도 기억나지 않는다. 다만 끝나고 선생님들이 다가와 "참 잘했어요"라고 말해 준 건 또렷이 기억에 남아 있다. 그 한마디가 내 안에 잠자고 있던 '나도 할 수 있다'라는 가능성의 불씨를 살랑살랑 키웠다. 그 뒤로 방송에도 나가고, 인터뷰도 하고, 큰 집회에서도 말을 했다.

보츠와나에서 일을 시작한 뒤로는 후원자들 앞에서, 국제기구 앞에서 계속 이야기를 전했다. 지금도 사회복지와 국제개발 일을 하면서 사람들에게 힘을 주는 강의를 한다. 요즘 누가 "뭐 해?"라고 물으면 나는 웃으며 대답한다.

“영어 강연 준비하며 세계로 나갈 채비를 하는 중이에
요.”

그 열여섯 살, 모깃소리만 한 소리만 냈던 아이가 여기
까지 올 줄이야. 그때의 나는 꿈도 못 꿨을 것이다.

뜻을 참되게 한다는 것은
스스로를 속이지 않는 것이다.

《대학》

所謂誠其意者 毋自欺也 소위성기의자 무자기야

미 국에서 7년을 공부했다. 뉴욕 맨해튼 컬럼비아 대학 도서관 2층 파란 소파가 내 자리였다. 여름엔 서늘하고 겨울엔 따뜻했으며, 늘 고요했다. 창밖엔 오래된 붉은 벽돌 건물이 보였고, 그곳에 앉아 있으면 세상에서 제일 안전한 기분이 들었다.

마지막 학기, 학비가 모자라 마음이 계속 흔들렸다. 책이 눈에 들어오지 않았다. '이제 끝인가?' 하는 생각만 머릿속을 맴돌았다. 그날도 소파에 기대앉아 있다가 그대로 선잠이 들었다. 꿈속에 열네 살 해영이가 나타났다. 작고 마른 그 애가 나를 보더니 살짝 웃으며 말했다.

"해영아, 여기까지 온 것만 해도 대단해. 컬럼비아까지 왔잖아. 졸업 못 하면 어때? 쫓겨나면 어때? 괜찮아. 오늘 할 수 있는 만큼만 해. 너 진짜 잘했어."

깨고 나서도 그 말이 너무 또렷하게 귀에 맴돌았다. 고개를 들어보니 창밖으로 하얀 눈이 쌓이고 있었다. 12월의 뉴욕이었다. 그리고 얼마 안 있어 학교에서 전화가 왔다.

"학비는 일부만 내도 괜찮아요. 졸업은 문제없고, 나중에 나머지 내고 나서 학위 찾아가면 됩니다."

가슴이 뻥 뚫렸다. 공부할 수 있다. 끝까지 갈 수 있다. 나는 그 파란 소파를 잊지 못한다. 누군가가 또 그 소파에 앉아 눈물을 흘리고 있지 않을까 싶어서. 그리고 문득 깨달았다. 가장 따뜻한 위로는 멀리 있는 누군가가 아니라 어린 내가 나에게 건네는 한마디일 때가 많다는 것을.

점점 더 아프리카로

오직 정밀하게 살피고,
오직 하나에 집중하여
참되게 그 중도를 붙잡아라.
《서경》

–

惟精惟一 允執厥中 유정유일 윤집궐중

요즘 나는 매일 아프리카로 조금씩 더 깊이 들어가고 있다. 논문을 쓰다가 문득 '내가 왜 이 길을 택했지?' 하고 멈칫할 때도 있지만, 자료를 펼치면 펼칠수록 마음이 저절로 끌린다. 특히 잔지바르 스톤타운 이야기를 쓰던 날은 잊을 수 없다. 노트북만 보고 있었는데, 골목마다 스며드는 바닷바람이 코끝을 간질이고, 석회암 벽의 거칠거칠한 감촉이 손바닥에 닿는 것 같았다. 심지어 길고양이 한 마리가 책상 위를 스윽 지나가는 기분까지 들었다. 그 순간 깨달았다. 아, 내가 이 일을 진짜 좋아서 하는구나.

좋아한다는 마음이 이렇게, 일하다가 불쑥 고개를 내밀기도 한다. 학생들이 묻는다.

"선생님, 아프리카는 왜 이렇게 힘들어요?"

한마디로 대답할 수 없는 질문이다. 60년 전, 인구 3억의 대륙에 독립국이 20개도 안 되었다. 지금은 14억 명이 54개 나라에서 숨 붙이고 산다. 누군가는 40년을 권력에 붙어 있었고, 누군가는 몇 달 만에 쫓겨났다.

그 모든 눈부신 변화 뒤에는 시장에서 장사하며 아이를 먹여 살린 엄마의 하루가 있고, 학교에서 처음으로 연필을 쥔 아이의 설렘이 있고, 전쟁이 끝난 뒤 다시 씨를 뿌린 농부의 땀이 있다.

그 하루하루가 쌓여 아프리카가 되었다. 그래서 이제

'나는 한국 사람, 저 사람은 아프리카 사람'이라는 선을 자꾸 지우게 된다. 같은 하늘 아래, 같은 고민을 안고, 서로 다른 바람을 맞으며 오늘도 하루를 살아내는 그저 지구에 함께 사는 사람들일 뿐이다.

나를 한 문장으로 소개하자면, 아프리카를 공부하다가 어느새 지구인이 되어버린 사람.

전전긍긍하며 조심하기가
마치 깊은 연못 앞에 선 것 같고,
얇은 얼음을 밟는 것처럼 두렵게 행동한다.
《시경》

戰戰兢兢 如臨深淵 如履薄冰 전전긍긍 여림심연 여리박빙

부엌에서 김치찌개를 끓이고 있을 때 뒤에서 소리 없이 누가 다가오면 나는 여전히 천장을 향해 튀어 오른다. 온몸이 순간 '펑' 하고 터질 듯하다. 조카는 그 모습을 보고 깔깔대며 묻는다.

"고모, 또 천장 다녀왔어요?"

사실 이것은 귀여운 장난이 아니다. 초등학교 시절, 엄마가 칼을 들고 나를 향해 올 때부터 몸에 새겨진 오래된 흔적이다. 집 안 공기가 늘 팽팽해서 언제 어떤 일이 터질지 몰라 항상 귀를 세우고 살았다. 잠든 사이에도 갑작스레 맞을 수 있었기 때문에 누가 살금살금 다가오면 온몸이 본능적으로 튄다. 이제는 생활이 안정되면서 많이 나아졌다. 그래도 가끔 커다랗게 놀랄 때면 상대방이 오히려 더 놀라 "괜찮아요?" 하고 묻는다. 그럴 때면 나는 미리 이렇게 말해 둔다.

"인기척 좀 내주세요. 제가 깜짝 놀라는 버릇이 있어요."

요즘 육아 프로그램을 보면 가슴이 시리다. 아직도 그런 집들이 있다는 사실이 오래된 상처를 살짝 건드린다. 부모님에 대한 원망과 아픔은 시간이 많이 흘러 적잖이 가라앉았다. 그러나 몸이 기억하는 것은 가끔 그림자처럼 다가와 나를 작게 흔든다. 작은 키에 커다란 놀람 하나 품고 나이로비에서 살아가는 한 중년 여자의 오래된 작은 패턴이다. 그래도 이제는 웃으며 이야기할 수 있어서 참 다행이다.

케냐에 온 미국 선물

잘 배우는 사람은 스승이 편하고 성과가 두 배가 되며,
오히려 그 공을 스승에게 돌려 더 높이 받든다.
잘 배우지 못하는 사람은
스승이 애써도 성과는 반밖에 안 되며,
오히려 스승을 원망한다.
《예기》

－

善學者師逸而功倍 又從而庸之 不善學者師勤而功半 又從而怨之
선학자사의이공배 우종이용지 불선학자의근이공반 우종이원지

미국에서 선물이 도착했다. 선물은 사람이었고, 한 사람이 아프리카 땅을 밟은 순간 이미 역사가 시

작되었다. 뉴욕에서 만난 오랜 친구이자 전문 심리 상담사인 토머스가 그 선물이었다. 그는 비행기에서 내린 다음 날 케냐타 대학으로 향했고, 그날부터 케냐와 아프리카 사람들을 위한 상담 교육을 시작했다.

내가 하는 일은 장애와 복지를 돕는 사업이었다. 그래서 처음에는 상담이라는 말이 낯설었다. 직원들도 속으로만 중얼거렸다.

"이게 과연 될까?"

그럼에도 토머스를 믿고 교육을 시작했다. 나 역시 다른 이들과 함께 맨 앞자리에 앉아 귀를 기울였다. 실습 시간이 되었다. 인턴 루스와 마주 앉았다. 평범한 일상을 이야기하던 중이었다. 루스가 갑자기 고개를 숙이더니 작게 말했다.

"제가 너무 싫어요."

순간 모든 소리가 멈췄다. 내가 물었다.

"왜?"

루스는 한참 뒤에야 입을 뗐다.

"돈도 벌고 싶고, 졸업도 하고 싶은데, 둘 다 못 하니까요…."

그 말속에 숨겨진 무게가 느껴졌다. 나는 조용히 말했다.

"루스, 둘 다 못 하는 건 네 잘못이 아니야. 둘 중 하나만 선택해야 하는 상황이니까. 그리고 지금 네게 가장 중요한 건 졸업이야."

루스가 고개를 들었다. 눈앞의 안개가 걷힌 듯했다. 그 순간, 무언가 '탁' 하고 풀어졌다. 그날 나는 깨달았다. 상담이란 거창한 치료가 아니라, 마음 한구석에 잘못 지어진 매듭을 살짝 풀어주는 일이라는 것을.

그렇게 벌써 10년이 흘렀다. 케냐를 비롯한 다섯 나라에서 자원봉사로 상담 교육을 이어가고 있다.

미국에서 만난 수많은 사람 가운데, 아프리카까지 와준 토머스는 내 삶의 진정한 선물이었다. 나 역시 여전히 상담 교육을 배우는 중이다. 돌아보면, "이게 될까?" 하고 시작했던 일이 이제 누군가의 눈빛을 밝히고, 한 사람의 인생을 조용히 바꾸고 있다.

성실함은 하늘의 길이고,
그 성실함을 이루는 것은 사람의 길이다.
《중용》

—

誠者 天之道也 誠之者 人之道也 성자 천지도야 성지자 인지도야

뉴욕에서 매일 아침 7번 전철 세븐트레인을 타고 학교가 있는 맨해튼으로 향했다. 집에서 학교까지 한 시간 반. 역마다 사람의 얼굴이 바뀌었다. 플러싱 메인 스트리트 근처에는 한국 사람들이 많았고, 엘름허스트를 지나면 라틴계 이웃들이 눈에 들어왔다. 나는 그

전철 안에서 끊임없이 상상했다. 저마다의 사연을 짧은 이야기로 엮었다. 아직 소설을 내지 못했지만, 그때 나는 이미 수백 편의 짧은 소설을 머릿속에 써놓은 작가였다.

매일 아침 7번 전철에 앉아 있다는 사실 자체가 기적이었다. 한국을 떠나 보츠와나를 거치며 수많은 위기를 넘기고 여기까지 왔다는 게, 살아 있다는 게, 뉴욕으로 들어가는 전철에 몸을 실었다는 게 매일 새삼 감사했다.

그런데도 가끔은 '내가 여기 있어도 되는 걸까' 하는 생각이 머리를 떠나지 않았다. 그때 낯선 아저씨, 아주머니, 또래 친구들이 이유 없이 웃어주었다. 그 미소 하나하나가 나를 단단히 붙잡아주었다. 갑자기 내가 사라져도 되는 사람이 아니라는 느낌이 들었다. 이름 모를 수많은 뉴욕 시민들이 건네준 따뜻함이 아직도 가슴에 남아 있다. 그 덕분에 나는 지금도 사람 사이에 끊기지 않는 관심과 사랑이 있다는 걸 믿는다.

지금 이 글을 읽고 있는 당신도 언젠가 지하철 한 칸에서, 아무도 모르는 곳에서, 누군가의 작은 미소 하나로 구해질 날이 있을 테다. 나처럼.

7부

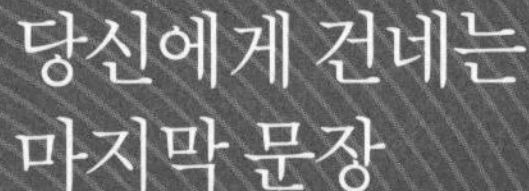

당신에게 건네는
마지막 문장

때가 된 뒤에야 말씀하시니,
사람들이 그 말씀을 싫어하지 않는다.
《논어》

夫子時然後言 人不厭其言 부자시연후언 인불염기언

아프리카에서 태어나 자란 조카들이 있다. 그중 보츠와나에서 태어난 아이가 나를 처음 부른 이름은 "오모"였다. 입 모양이 금방 만들어지는, 그 아이가 배운 첫 단어 중 하나였다. 그러다 유치원에 다니게 되자 호칭은 "꼬모"로 바뀌었다. 왜 그러냐고 묻자, 아이는 잠시 생각하더니 이렇게 말했다.

"고모라고 하면… 좀 통통해 보여."

그 또래만의 솔직함과 아프리카식 언어 감각이 묘하게 어울려 웃음이 났다. 초등학생이 되어 나와 떨어져 살던 시절에는 전화로만 연락했는데, 전화를 받을 때마다 "고~~모" 했다. 그 늘어진 음성에 세상 귀찮다는 감정이 그대로 묻어나곤 했다. 중학생이 되어 나이로비에서 다시 함께 살게 되자, 조카는 나를 거의 부르지 않았다. 그 나이쯤이면 누구나 자신의 감정을 스스로도 잘 설명하지 못하는 시기니까. 말 대신 방문을 닫거나, 눈을 피하거나, 아무 말 없이 옆에서 밥 먹는 걸로 마음을 표현하던 때였다.

세월이 흘러 이제는 주민등록증도 받고 군대도 다녀온 청년이 되었다. 그리고 지금 그는 나를 정확히 "고모"라고 부른다. 마치 우리 둘의 삶이 어느 한 결에 닿아 자연스레 맞춰진 호칭 같다.

시간이 천천히 데려다 놓은 자리. 조카의 생모는 그가 네 살 때 교통사고로 세상을 떠났다. 함께 있던 한 살배기 여동생도 그 사고로 떠났다. 그때부터 나는 이 아이의 엄마가 되었다. 하지만 조카는 나를 '엄마'라고 부르지 않는다. 부르지 못하는 이유도 있고, 부르지 않아도 되는 마음도 있다.

한번은 내가 다른 사람들에게 조카를 두고 나를 "네, 고모 엄마예요"라고 소개한 적이 있다. 그날 밤, 조카가 나를 조용히 불러 말했다.

"그렇게 말하지 마. 나 헷갈려."

나는 그 부탁을 조금도 서운해하지 않았다. 호칭보다 더 오래 쌓인 시간이 있었으니까. 그래서 우리가 지금 서로를 부르는 방식은 조금 동그랗고, 약간 빈틈이 있다. 때로는 말 대신 하루를 같이 보내는 방식으로 살기도 하고.

사람들이 가끔 묻는다.

"아들이에요?"

나는 웃으며 대답한다.

"조카예요."

누군가는 가족을 혈연으로 설명하고, 누군가는 호칭으로 정의하지만, 우리는 함께 살아온 시간으로 가족이 되었다.

어린 시절의 "오모",

유치원의 "꼬모",

귀찮음이 묻어 있던 "고~~모",

그리고 지금의 "고모".

호칭 하나에 담긴 변화가 우리가 지나온 세월의 길이를 조용히 말해준다.

마을은 어진 사람이 사는 곳이 아름답다.
어진 곳을 택해 살지 않으면서
어떻게 지혜롭다 할 수 있겠는가?
《논어》

-

里仁爲美 擇不處仁 焉得知 이인위미 택불처인 언득지

케냐에 처음 온 사람들은 흔히 이렇게들 말한다.

"세 가지만 보면 이곳을 떠나기 어렵다."

기린의 우아한 걸음걸이, 사바나를 물들이는 붉은 석양, 그리고 사람들의 깊은 눈빛.

아프리카는 이 세 장면만으로도 마음을 사로잡는다. 나는 그 풍경 속에서 오랜 시간을 보냈고, 그 덕분에 나라는 사람이 조금씩 자랄 수 있었다. 그러나 떠나기 어려운 땅이 있으면 언젠가 반드시 돌아가야 할 또 다른 집도 있게 마련이다.

비행기가 영종도 상공을 돌며 고도를 낮출 때, 창밖으로 익숙한 바다와 활주로가 보이면 나는 마음속으로 조용히 중얼거린다.

"집이다."

2012년 이후로 나는 케냐와 한국을 오가며 살아왔다. 케냐에 삶의 중심을 두고, 한국에서 몇 달 머물다 다시 해외로 떠나는 날들이 반복되었다. 비행기 여행은 일상이 되었고, 공항은 내 삶의 경계가 되었다. 그런데 이제는 어느 쪽 공항에 내리든 마음속에 같은 말이 떠오른다.

케냐에 도착해도 "집이다."

한국에 도착해도 또 "집이다."

인천공항 문이 열리는 순간, 몸이 먼저 한국의 공기를 기억한다. 습기 어린 바람, 빠르게 오가는 사람들, 멀리서 들리는 말소리. 연로하신 어머니가 노후를 보내시고, 동생들과 조카들이 사는 곳. 내가 처음 말을 배우고 세상을 만난 땅이다. 비행기에서 내리는 발걸음은 늘 조용하지만, 그 안에는 작은 감격이 스며 있다.

떠남과 귀환이 반복되는 시간 속에서 내 안에 단단한 뿌리가 자리 잡았기 때문이다. 삶의 조건에 흔들리지 않고, 세상의 명예나 소란에 휘둘리지 않으며, 조용히 내 길을 걸어올 수 있었던 것은, 아마도 두 집을 오가며 얻은 단단함 덕분일 것이다.

아프리카와 한국. 두 풍경이 서로를 비추며 나를 만들어가고 있다. 언젠가 당신도 당신만의 길 위에서 떠나고 싶은 마음과 돌아오고 싶은 마음이 한자리에 머무는 순간을 만나게 될 것이다.

그때 당신은 깨닫게 될 것이다. 사람의 삶은 떠나는 장면과 돌아오는 장면이 어우러져 완성된다는 것을.

공자가 말씀하시길
부모는 오직 자식의 병만을 걱정하신다.
《논어》

-

子曰 父母唯其疾之憂 자왈 부모유기질지우

서울 집 문을 열고 들어서면 나는 여전히 열네 살로 돌아간다. 엄마는 이제 여든을 훌쩍 넘기셨고, 손에는 약 봉투가 들려 있지만, 내 눈에 가장 먼저 들어오는 것은 부엌의 칼과 가위, 포크다. 그것들이 제자리에 놓여 반짝이는 순간, 숨이 멎을 듯하다.

‘지금도 나를 찌를 수 있겠구나.’

이런 생각이 스쳐 지나간다.

어릴 적 엄마는 정말 무서웠다. 젊고 힘이 세서 손에 잡히는 모든 것이 무기가 되었다. 나는 매일 도망치는 법을 배웠다. 세계 곳곳을 다녀온 지금도 엄마 앞에서는 방향을 잃는다. 동생들은 엄마를 다르게 말한다.

“기억력도 좋으시고, 식사도 잘하셔. 전화 오면 먼저 걱정하셔.”

그 이야기를 들을 때면 우리 집에 엄마가 두 분 계신 듯하다. 엄마의 눈빛에는 여전히 ‘잘못 태어난 계집아이’라는 옛말이 남아 있다. 그 눈빛이 나를 다시 어린 시절로 데려간다. 그러나 이제는 안다. 그때 엄마도 깊이 아프셨다는 걸. 글 한 줄 배우지 못한 채 남편을 잃고, 다섯 남매를 업고 세상과 싸워야 했다. 그 분노와 피로가 가장 약했던 나에게로 향했을 뿐이다.

어쩌면 그것이 엄마가 표현할 수 있었던 사랑의 방식이었는지도 모른다. 그래서 나는 엄마를 미워하지 않는다. 다만, 몸으로 받아 새겨진 공포가 쉽게 사라지지 않을 뿐이다. 가끔 엄마 방 앞을 지나다 보면 '지금이라도 일어나서 나를 해치지 않을까' 하는 생각이 스친다. 그럴 때면 나는 고개를 흔들며 스스로를 다독인다.

"현실을 보자."

그러곤 아주 천천히, 조심스럽게 엄마에게 말을 건넨다.

"엄마, 오늘은 어디 다녀오셨어요?"

"엄마, 밥은 드셨어요?"

그 조심스러움이 내가 배운, 엄마를 사랑하는 방식이다.

때론 부모님이 무섭게 느껴질 때가 있을 테다. 그런데 그 무서움 뒤에는 말하지 못한 상처가 숨어 있을지도 모른다. 너무 미워하지 말고, 조금만 더 기다려주자. 조금만 더 안아주자. 그것이 우리가 가질 수 있는 가장 큰 용기다.

(72) 참된 재능은 사람됨이다

공자가 말씀하시길

나는 아직 어짊仁을 진심으로 좋아하는 사람과

어짊이 아닌 것을 진심으로 미워하는 사람을

보지 못하였다. 어짊을 좋아하는 사람은

더 바랄 게 없을 정도요,

어짊이 아닌 것을 미워하는 것은

곧 인을 행하는 것이다.

불인한 것이 자기 몸에 미치지 않게

하는 것만으로도 충분하다.

《논어》

-

子曰 我未見好仁者 惡不仁者 好仁者 無以尙之 惡不仁者 其爲仁矣
不使不仁者加乎其身

자왈 아미견 호인자 오불인자 호인자 무이상지 오불인자 기위인의

불사불인자가호기신

요즘 학생들은 정말 바쁘다. 학교 공부로도 벅찬데, 틈만 나면 MBTI를 돌리고 유튜브에서 '천재 되는 법'을 검색한다. "내 재능이 뭐지?" 하며 자신을 재단하려 애쓴다. 만약 내가 로마 시대에 태어났다면 검투사 아니면 노예였겠지. 조선시대였다면? 그 시절에는 재능이 아니라 태어난 위치가 모든 것을 가늠했다. 지금은 또 다른 시대다. 인공지능이 시를 쓰고 그림을 그리는 등 '특별한 재능'을 둘러싼 경쟁이 점점 치열해진다. 하지만 진짜 질문은 달라졌다.

"나는 인간으로서 어떻게 살아갈까?"

내 인생에는 '천재'라는 딱지가 붙은 적이 없다. 기계편물로 금메달을 딴 것도, 몸이 아파 앉아서 할 수 있는 일이 그것뿐이었기 때문이다. 죽도록 하다 보니 메달이 따라왔다. 박사학위도 '이 나이에 안 하면 언제 하나' 싶어 시작한 일이었다. 돌아보니 나는 기술과 봉사와 학문 분야에서 꽤 높은 곳까지 올랐다. 누군가 "천재세요?" 하고 농담하면 나는 웃으며 답한다.

"아니에요. 그냥 안 죽으려고 발버둥 친 거예요."

십 대 시절 내 교과서는 영어, 국어, 수학책이 아니라 '사서오경'이었다. 그 책들 어디에도 "너의 재능을 찾아라"라는 문장은 없었다. 대신 이렇게 말하고 있었다. 긍휼을 품고, 선하게 살며, 의로운 결정을 하라고.

그 단순한 가르침이 내 인생을 바꾸는 힘이 되었다. 아주 느리게, 때로는 쓰라린 대가를 치르며 나는 인생을 배웠다. 당신은 조금만 더 일찍 알아도 괜찮다. 그래도 너무 서두르지 마라. 적당히 천천히 걸어라. 그 속도가 네가 살아갈 문장의 리듬이 될 테니까. 당신 안에 있는 가장 큰 재능은 결국 사람됨이다.

문장은 끝나도 길은 이어진다.

이 책을 덮는 지금,

아마도 당신은 여전히 바쁜 하루 한가운데 있을 것이다.

시험이 끝나지 않았을 수도 있고,

관계가 마음처럼 풀리지 않을 수도 있다.

혹은 아무 일도 없는데,

괜히 마음이 무거운 날일 수도 있다.

이 책이 그 모든 상황을 해결해주지 않는다.

고전은 원래 그런 역할을 하지 않는다.

다만, 우리가 너무 빨리 지나쳐 온 생각 앞에

잠시 멈추게 할 뿐이다.

나는 여전히 길 위에 서 있다.

여전히 실수하고,

여전히 잘 모르겠고,

여전히 문장 하나에 붙들린 채 살아간다.

어쩌면 그것이 내가 배운 전부일지도 모른다.

살다 보면

"나는 지금 어떤 문장을 살고 있지?"라는

질문을 던지게 되는 순간이 온다.

그 질문은 대답보다 오래 남고,

사람을 조금 더 정직하게 만든다.

이 책의 문장들 중

단 하나라도 당신의 하루에 걸려 남았다면,

그것으로 충분하다.

문장은 읽는 순간보다 살아내는 시간 속에서

비로소 의미를 갖기 때문이다.

길은 계속되고,

문장은 다시 떠오를 것이다.

그때, 당신만의 방식으로

그 문장을 살아가면 된다.

당신은 지금, 어떤 문장을 살아가고 있는가?

삶이 아플 때마다 꺼내 읽은 고전의 문장들

나를 살린 사서오경

초판 1쇄 인쇄 2026년 3월 9일 | **초판 1쇄 발행** 2026년 3월 20일

지은이 김해영

편집 신효주 | **디자인** 봄에 | **마케팅** 용상철
제작·인쇄 도담프린팅
발행인 신수경 | **발행처** 드림셀러
출판등록 2021년 6월 2일(제2021-000048호)
주소 서울 관악구 남부순환로 1808, 615호 (우편번호 08787)
전화 02-878-6661 | **팩스** 0303-3444-6665 | **이메일** dreamseller73@naver.com
인스타그램 dreamseller_book | **블로그** blog.naver.com/dreamseller73

ISBN 979-11-92788-56-2 (03100)

• 책값은 뒤표지에 있습니다.
• 잘못 만들어진 책은 구입한 곳에서 바꾸어 드립니다.

※ **드림셀러는 당신의 꿈을 응원합니다.**
드림셀러는 여러분의 원고 투고와 책에 대한 아이디어를 기다립니다.
주저하지 마시고 언제든지 이메일(dreamseller73@naver.com)로 보내주세요.